Honoré Gyslain **KABUNDA MBUTA**

La bénédiction de Dieu et ses principes

Honoré Gyslain KABUNDA MBUTA

# La bénédiction de Dieu et ses principes

Éditions Croix du Salut

**Imprint**
Any brand names and product names mentioned in this book are subject to trademark, brand or patent protection and are trademarks or registered trademarks of their respective holders. The use of brand names, product names, common names, trade names, product descriptions etc. even without a particular marking in this work is in no way to be construed to mean that such names may be regarded as unrestricted in respect of trademark and brand protection legislation and could thus be used by anyone.

Cover image: www.ingimage.com

Publisher:
Éditions Croix du Salut
is a trademark of
Dodo Books Indian Ocean Ltd. and OmniScriptum S.R.L publishing group

120 High Road, East Finchley, London, N2 9ED, United Kingdom
Str. Armeneasca 28/1, office 1, Chisinau MD-2012, Republic of Moldova, Europe
Printed at: see last page
**ISBN: 978-620-6-17087-7**

Sauf indication contraire, les références citées dans le présent ouvrage sont tirées de la Bible Louis Segond révisée, édition 1910.



**Contacts de l'auteur :**
**KABUNDA HONORE**
**GOMA– Nord Kivu**

~ 2 ~

# TABLE DES MATIERES

# DEDICACE

A toi Chantal WETSHI SHAKO, mon épouse ;

A vous mes enfants Biologiques :

1. KABUNDA KANEMA MAGLOIRE CLEMENT
2. KABUNDA KAMBUY DIVINE SOPHIE
3. KABUNDA KAMWENY DELIA MARTHE
4. KABUNDA MBUTA JUNIOR HONORE
5. KABUNDA NYANDE LULU FABIENNE
6. KABUNDA WETSHI SAMUEL

A vous mes petits fils :

1. ALONZO ARENA
2. ENZO ARENA

Je dédie ce livre.

~ 6 ~

*Les principes, lois et les voies qui mènent à la bénédiction de dieu*

# PREFACE

Ce livre est une profonde immersion dans la foi en Dieu de bénédiction.

L'auteur de ces lignes nous pousse à lire et mettre en pratique l'intitulé de ce livre pour vivre la bénédiction. En lisant ce livre, toute personne qu'elle soit païenne ou chrétienne peut se retrouver facilement à travers chaque page car il va découvrir des révélations qui l'amènera à la bénédiction de Dieu.

Je recommande vivement ce livre à tous ceux qui veulent connaître le secret de la bénédiction dans leur vie.

Chez Dieu toute bénédiction a des principes, lois et voies, il a permis que ce livre se trouve entre vos mains pour un but précis.

Pendant que l'équipe de l'Association Internationale de Formateurs Bibliques, AIFOB en sigle terminer sa mise en page, le Saint-Esprit m'a mis à cœur de points de prière de tous les serviteurs de la place ont voulu adresser à Dieu à cet effet.

Puisse Dieu accorder à tous les lecteurs de ce livre de discernement afin de comprendre la pensée révélative de Dieu dans la Bénédiction.

Papa HONORE GYSLAIN KABUNDA MBUTA.

## REMERCIEMENTS

A Dieu de toute gloire pour le souffle de vie.

Aux Eglises et leurs Responsables ;

- Vie Nouvelle de Kasumbalesa ;
- La Borne Kasumbasela et Goma ;
- Jésus Christ le Seul Sauveur de Aru et Kisangani ;
- Mission Evangélique de la Croix de Christ en Afrique ( MECCA)
- Le Centre de Délivrance et Réconciliation de Famille ( CDRF),

Et toutes les autres Eglises Corps du Christ pour nous avoir accepter comme ouvrier de l'Eternel.

A tous mes amis et collègues, trouvez mes profondes gratitudes, puisse l'Eternel Notre Dieu béni chacun d'entre vous.

A Mon Frère et Ami Raymond KASANGALA, qu'il trouve ici mes profondes gratitudes de tout cœurs et le Seigneur Jésus – Christ Notre Dieu le bénisse.

LA BENEDICTION DE L'ETERNEL

« C'est la bénédiction de l'Eternel qui enrichit, Et il ne la fait suivre d'aucun chagrin » (Proverbes 10 :22)

# INTRODUCTION

Beaucoup de bien aimés viennent à l'Eglise pour chercher la bénédiction ou pour être bénis, car en posant la question à l'assemblée que venez-vous chercher à l'Eglise, la réponse est simple, nous venons chercher la bénédiction.

Comme nous venons à l'église, donc la bénédiction que nous cherchons est celle de Dieu, celle que Dieu donne à ses enfants que nous sommes.

Or pour recevoir cette bénédiction il faut d'abord être **enfant de Dieu,** ainsi, Un enfant de Dieu qui doit jouir de la bénédiction de son père c'est celui qui a abandonné le monde pour suivre Jésus donc celui qui est la vie, lumière et le chemin

« Tu m'as fait connaître les sentiers de la vie, Tu me rempliras de joie par ta présence. » (Actes des Apôtres, 2 : 28)

Dans le milieu chrétien aujourd'hui le terme « Bénédiction connait beaucoup d'entorse dans son interprétation :

- Pour les uns *"Etre Béni"* veut dire avoir des belles maisons, des belles voitures et avoir beaucoup d'argents… ;

- Pour les autres *"Etre béni"* c'est avoir une promotion au service ou être élevé au haut rang ou en dignité politique.

Si nous pouvons nous limiter à cette interprétation, on pourrait dire que tous les hommes politiques, les commerçants, les musiciens mondains et autres artistes que nous connaissons et le voyons rouler dans les grosses voitures sont bénis.

Dans la Bible, nous trouvons des femmes et des hommes qui ont été bénis sans habiter dans les grandes maisons.

- Abraham que Dieu a fait une source de bénédiction a habité dans une tente

« Je bénirai ceux qui te béniront, et je maudirai ceux qui te maudiront; et toutes les familles de la terre seront bénies en toi » (Genèse 12 : 3)

Marie qui était bénie entre toutes les femmes accoucha son Premier né dans un lieu rempli d'odeur nauséabonde ;

« Au sixième mois, l'ange Gabriel fut envoyé par Dieu dans une ville de Galilée, appelée Nazareth, auprès d'une vierge fiancée à un homme de la maison de David, nommé Joseph. Le nom de la vierge était Marie. L'ange entra chez elle, et dit: Je te salue, toi à qui une grâce a été faite; le Seigneur est avec toi. Troublée par cette parole, Marie se demandait ce que pouvait signifier une telle salutation. L'ange lui dit: Ne crains point, Marie; car tu as trouvé grâce devant Dieu » (Luc 1 :26-30)

# CHAPITRE I :

## LES DÉFINITIONS

Le mot *"bénédiction"* tire son origine du mot hébreux *"Barak"* avec comme mot *"berakah"* mais le mot Barak veut tout simplement dire *"bénir"*

Avec ce mot de barak la bénédiction veut dire :

*a.* *Un don divin permettant à notre œuvre de réussir*

« L'Éternel t'ouvrira son bon trésor, le ciel, pour envoyer à ton pays la pluie en son temps et pour bénir tout le travail de tes mains; tu prêteras a beaucoup de nations, et tu n'emprunteras point » (Deutéronome 28 :12)

*b.* *La présence de Dieu avec nous ;*

« Séjourne dans ce pays-ci: je serai avec toi, et je te bénirai, car je donnerai toutes ces contrées à toi et à ta postérité, et je tiendrai le serment que j'ai fait à Abraham, ton père » (Genèse 26 : 3)

*c.* *Dieu œuvre en nous et à traves nous afin que nous produisions de bon fruit*

« Car c'est Dieu qui produit en vous le vouloir et le faire, selon son bon plaisir » (Philippiens 2 :13 )

En d'autres termes, la bénédiction a deux volets :

- C'est la capacité divine accordée à quelqu'un pour lui donner le moyen d'affronter les problèmes de la vie

- C'est la faveur divine qui consiste à manifester la présence de Dieu, le secours de Dieu ainsi que la direction de Dieu dans nos vies.

Dans un français courant, la bénédiction se définit comme une bonne parole annoncée par Dieu ou par son serviteur ou son ambassadeur sur la vie de quelqu'un.

De cette dernière définition, deux cas sont illustrés dans la bible :

## 1. Bénédiction prononcée par Dieu

A l'instar d'Adam et Eve que Dieu a pu prononcer des mots de bénédiction, Abraham fut parmi les hommes qui ont bénéficié de bonnes paroles de bénédiction de la part de Dieu lui-même.

« Dieu les bénit, et Dieu leur dit : Soyez féconds, multipliez-vous ; remplissez la terre, et l'assujettissez ; et dominez sur les poissons de la mer, les oiseaux du ciel, et sur tout animal qui se meut sur la terre » (Genèse 1 : 28)

« Je ferai de toi une grande nation, et je te bénirai, je rendrai ton nom grand et tu seras la source de bénédiction » (Genèse 12 :2)

Dans le cas d'espèce c'est Dieu lui-même qui prononce de bonnes paroles sur nous et que toutes ces dernières ne seront jamais révoquées comme il accentue dans Ésaïe 14 : 24 où il dit *''l'Eternel des armées l'a juré, en disant : oui, ce que j'ai décidé arrivera, ce que j'ai résolu s'accomplira''* et aussi en Esaïe 45 : 23 il dit *''Je le jure par moi-même, la vérité sort de ma bouche et ma parole ne sera point révoquée : Tout genou fléchira devant moi, Toute langue jurera par moi''*

## 2. Bénédiction prononcée par le mandataire de Dieu

Vous comprendrez que le Mandaté par Dieu est un homme que Dieu a établi pour exercer dans son champ, donc son Oint, celui qui craint Dieu et qui obéi à la parole de Dieu par sa mise en pratique.

«Jacob s'approcha, et le baisa. Isaac sentit l'odeur de ses vêtements; puis il le bénit, et dit: Voici, l'odeur de mon fils est comme l'odeur d'un champ que l'Éternel a béni. Que Dieu te donne de la rosée du ciel Et de la graisse de la terre, Du blé et du vin en abondance! Que des peuples te soient soumis, Et que des nations se prosternent devant toi! Sois le maître de tes frères, Et que les fils de ta mère se prosternent devant toi! Maudit soit quiconque te maudira, Et béni soit quiconque te bénira. Isaac avait fini de bénir Jacob, et Jacob avait à peine quitté son père Isaac, qu'Ésaü, son frère, revint de la chasse.» (Genèse 27 :27-30)

Lire aussi : Genèse 49 : 1-33

Comme nous allons parler de la bénédiction de l'Eternel, ainsi il existe d'autres types de bénédictions dont nous n'allons pas les développer dans notre livre. Néanmoins une petite explication à ces types de bénédiction s'avère nécessaire.

~ 18 ~

## CHAPITRE II :

## TYPES DE BENEDICTION

Il existe différents types de bénédiction que nous vous détaillons ci-dessous :

### *1. Bénédiction satanique*

C'est une bénédiction qui se fait suivre avec les chagrins.

Chers chrétiens, Satan béni aussi, mais sa bénédiction est donnée aux gens qui n'ont pas de connaissance de Dieu.

Pousser par la convoitise des yeux et de la chair, Satan arrive à désorienter les homes dans pseudo bénédiction avec des conséquence néfastes amenant plusieurs personnes à la mort précoce avant le jour prévu par Dieu notre créateur.

« Car tout ce qui est dans le monde, la convoitise de la chair, la convoitise des yeux, et l'orgueil de la vie, ne vient point du Père, mais vient du monde » (1 Jean, 2 : 16)

Tout celui qui signe ou qui accepte de servir Satan, il meurt avant comme c'est le cas d'Adam et Eve qui sont morts avant de totaliser le 1 jour de Dieu, car ils avaient accepté et obéi à la voix de Satan, ils sont morts à l'âge de 930 ans alors qu'un jour de Dieu est égal à 1000 ans des Hommes.

«Les jours d'Adam, après la naissance de Seth, furent de huit cents ans; et il engendra des fils et des filles. Tous les jours qu'Adam vécut furent de neuf cent trente ans; puis il mourut.» (Genèse 5 : 5)

«Mais il est une chose, bien-aimés, que vous ne devez pas ignorer, c'est que, devant le Seigneur, un jour est comme mille ans, et mille ans sont comme un jour.» (2 Pierre 3 : 8)

La convoitise, pousse beaucoup de fidèle à chercher la bénédiction de Satan, or ce dernier n'a jamais créé même pas une aiguille, et ce qu'il donne à ceux qui manquent de connaissance c'est du semblable de la bénédiction.

*Exemple d'une bénédiction Satanique*

*Un certain Monsieur envieux, a pu contacter son ami qui avait beaucoup d'argents et ne connaissant pas sa source, il demanda à son ami, où as-tu trouvé tout ton argent ? Ce dernier lui réponda, veux-tu avoir de l'argent, l'autre de rétorquer oui.*

*Faisons attention avec nos OUI car le monde de ténèbres capte toute chose comme tout est habité, son oui prononcé c'est jour-là avait été enregistré dans le monde de ténèbres.*

*Un rendez-vous fut fixé trois jours après à la rive d'une rivière de la contrée à 18 h du soir.*

*Arrivée au lieu de rendez-vous à l'heure convenue, l'envieux voyant sur la rivière une voiture de marque Mercedes de couleur noire venant sur l'eau vers la direction où ils se trouvaient mais chose grave, le monsieur ne voyait plus la rivière mais cette dernière était devenue une grande route.*

*Comme tout était préparé dans le monde de ténèbres, à bord de la voiture sorta une dame blanche accompagnée d'un jeune garçon de 8 ans. Et ils s'installèrent sur des chaises arrangées pour la circonstance.*

*Dans leur discussion, la Dame posa la question à l'hôte qui est ce dernier ? Que veut – il ? La réponse était, qu'il a besoin d'argent, la Dame souleva sa main sur la table là où on lui avait servi les bananes, jusqu'à un certain niveau, c'était l'argent comme un accordéon. L'envieux voyant cela il accepta d'avoir l'argent.*

*La dame lui demandant à ce qu'il donne les travailleurs, donc qu'il sacrifie les membres de sa famille pour qu'ils aillent travailler pour lui. Désemparé, il répondra qu'il n'a pas de gens, sur place la Dame envoya son fils d'aller prendre l'album qui se trouvait dans la voiture où on retrouva les photos de toute la famille de l'envieux.*

*Bien aimés faisons attentions avec nos photos que nous postons dans les réseaux sociaux, car nous ne savons pas où elles vont et qui les utilisent ; Sur l'album se trouva la photo d'une des filles du Monsieur envieux la plus belle et la plus intelligente de la famille, c'est celle-là que la Dame avait choisie comme travailleuse de son père dans le monde de ténèbres.*

*Chose grave, le doigt pointé sur la fille, à la maison où elle se trouvait aux mêmes instants elle est devenue folle.*

*La bénédiction Satanique que ce Monsieur avait eue, a laissé la famille en esclavage du monde de ténèbres et tous les biens qu'il avait acquis avec cet argent, tout alors, tous ces biens étaient perdus juste après sa mort et plusieurs de ses enfants sont morts dans des conditions bizarres.*

Les exemples sont légions, car dans la mathématique de Dieu, il n'y a que deux opérations : l'addition et la multiplication, mais pour Satan c'est la soustraction et la division, or tout ce que Satan donne comme plaisir ou gloire, il va obligatoirement soustraire quelque chose ou alors diviser.

Prenons d'autres exemples, des certains musiciens du monde qui avaient accepté ou obéi à la voix de Satan en signant de pactes pour la gloire de ce monde, la plupart ont quitté ce monde précocement. Il y a eu de même plusieurs parents qui ont quittés ce monde avant car voulants avoir la bénédiction de Satan.

Bien aimés cette bénédiction nous amène beaucoup de chagrins dans la vie, car on n'a jamais été à l'aise avec cette gloire donnée par Satan, certains ne dorment même pas la nuit à cause de chagrins provoqué par cette   gloire.
Il n'y a que la bénédiction de Dieu qu'il faut implorer et désirer ardemment ;

« C'est la bénédiction de l'Eternel qui enrichit, Et il ne la fait suivre d'aucun chagrin » (Proverbes 10 :22)

## 2. Bénédiction Familiale

« Esaü conçut de la haine contre Jacob à cause de la bénédiction dont son père l'avait béni, Esaü disait en son cœur : les jours du deuil de mon père vont approcher et je tuerai Jacob, mon frère » (Genèse 27 :41)

La bénédiction familiale, est parmi celle qui nous crée beaucoup d'ennuis dans la vie ! En regardant Jacob béni par son père, son frère jure de tuer, car il aurait usurpé sa bénédiction. De même, plusieurs d'entre nous sont soi-disant étaient bénis par la famille, surtout dans le cas où un parent est mort laissant un héritage entre enfants et s'il y a un qui s'accapare de cet héritage il s'attire tous les ennuis du monde et il risquerait même sa mort, car la bénédiction de la famille a beaucoup de chagrins.

C'est pourquoi Jacob ayant vu la souffrance que lui a apporté cette bénédiction, est allé à la cherche de Dieu pour qu'il puisse bénéficier de sa bénédiction qui ne se fait suivre d'aucun chagrin.

« IL dit : Laisse-moi aller, car l'aurore se lève. Et Jacob répondit : Je ne te laisserai point aller, que tu m'aies béni.
Il lui dit : Quel est ton mon ? Et il répondit : Jacob. Il dit encore : Ton nom ne sera plus Jacob, mais tu seras appelé Israël, car tu as lutté avec Dieu et avec les hommes, et tu as été vainqueur.

Jacob l'interrogea, en disant : Fais-moi je te prie, connaître ton nom. Il répondit : Pourquoi demandes-tu mon nom ? Et il le béni là. » **(Genèse 32 : 26-29)**

Jacob voulait seulement être béni par Dieu et il a été béni, seule la bénédiction de l'Eternel qui enrichit, et il ne la fait suivre d'aucun chagrin.

«C'est la bénédiction de l'Éternel qui enrichit, Et il ne la fait suivre d'aucun chagrin.» **(Proverbes 10 :22)**

Ainsi, pour avoir cette bénédiction de la part de Dieu quelques principes, lois et voies qui amènent à la bénédiction de l'Eternel tirés sur inspiration du Saint – Esprit seront développé dans cet ouvrage.

## CHAPITRE III :
## LES PRINCIPES DE LA BENEDICTION DE L'ETERNEL

Le Dieu d'Abraham, d'Isaac et de Jacob est un Dieu de Principes, des ordonnances, des lois et des interdits.

C'est pourquoi dans tout ce que notre Dieu fait pour ses enfants, Il nous a toujours apposés à certains principes, il en est de même pour la bénédiction.

IL veut que son enfant soit en mesure de bien consommer sa bénédiction sans chagrin.

## 1. QUITTER

Biens aimés, notre Dieu nous aime beaucoup, Il nous le répète souvent dans sa parole dite par le Prophète :

« Car je connais les projets que j'ai formés sur vous, dit l'Eternel, projets de paix et non de malheur, afin de vous donner un avenir et l'espérance » (Jérémie 29 :11)

Ainsi, pour entrer dans cette bénédiction il faut quitter le monde, donc changer de position pour aller vers ta bénédiction. Tu dois quitter l'Egypte, quitter le monde, quitter l'ancienne position ou l'environnement défavorable pour aller dans un endroit favorable, donc, quitter la médiocrité pour l'excellence, quitter la pauvreté pour la richesse, quitter la médiocrité pour l'excellence.

Comprenez que, dans le monde où nous nous trouvons, si nous voulons vivre la bénédiction de Dieu, nous devons quitter le milieu non favorable à notre bénédiction.

C'est comme ça, notre Dieu qui aime notre bonheur, avait demandé à Abraham, qui habitait la maison de son père d'y quitter pour qu'il soit béni comme le dit le passage ci-haut indiqué.

« L'éternel dit à Abram : Va-t'en de ton pays, de ta patrie, et de la maison de ton père, dans le pays que je te montrerai » (Genèse 12 :1 )

Abraham, 75 ans et sa femme Sara 65 ans, étaient toujours dans le toit parental, ce c'est que nous vivons aujourd'hui dans notre société, il y a de frères et de sœurs à l'âge de chercher la vie se trouvent encore jusqu'aujourd'hui dans leur famille quitter aller vers votre bénédiction.

Comme Abraham a habité chez son père un Idolâtre, et il y a eu une influence négative sur sa vie, il en est de même à vous mes frères et sœurs ont encore dans le monde de péché ou habiter dans des quartiers, où des maisons dont les bailleurs ou bailleresse sont occultistes, sachez que votre vie est sous emprise de leurs dieux, qui ne te voudront jamais du bonheur.

Voyez-vous, que quand Abraham a quitté son père, Dieu lui a parlé au temps *"Futur"* en lui disant : *''Je ferai de toi une grande nation, et je te bénirai ; je rendrai ton nom grand, et tu seras une source de bénédiction''* (Genèse 12 : 2)

Beaucoup des chrétiens d'aujourd'hui ; ne veulent pas quitter afin qu'il devienne une source de bénédiction pour plusieurs en commençant par sa famille, mais ils veulent tout simplement rester mendier auprès de ceux-là qui les ont assujettis.

« Et j'entendis du ciel une autre voix qui disait : Sortez du milieu d'elle, mon peuple, afin que vous ne participiez point à ses péchés, et que vous n'ayez point par à ses fléaux » (Apocalypse 18 : 4)

## 2. SEPARE TOI DE LOT

Lot était le neveu d'Abraham, qui l'a accompagné lors de la sortie de la maison de son père donc ils sont liés par les liens de sang.

Lot est une habitude que nous avions dans le monde et qui nous accompagne sur notre route de bénédiction.

Lot est un péché qui nous empêche de voir et avoir notre bénédiction.

Toute personne qui quitte le monde est souvent attachée à une habitude qu'il a difficile à abandonner, cette habitude peut représenter un (e) ami (e), un péché, une coutume ou autre chose qui déplaise a Dieu que la Bible nous recommande d'abandonner pour entrer dans notre destinée.

Avant son accomplissement, la bénédiction est annoncée d'avance par Dieu, et cela de plusieurs manières : Soit Il le fait par la voix audible, soit par la prophétie, la vision, le songe, …

C'est pourquoi, quand Abraham quitta sa patrie Dieu lui a parlé au futur « je te bénirai…. » Mais lorsqu'il se sépara de Lot, Dieu lui parla au temps présent

« Tout le pays n'est-il pas devant toi ? Sépare-toi donc de-moi : si tu vas à gauche, j'irais à droite ; si tu vas à droite j'irai à gauche. Lot leva les yeux, et vit toute la plaine du Jourdain, qui était entièrement arrosée. Avant que l'Eternel eut détruit Sodome et Gomorrhe, c'était, jusqu'à Tsoar, comme un jardin de l'Eternel, comme le pays d'Egypte. Lot choisi pour lui toute la plaine du Jourdain, et s'avança vers l'orient. C'est ainsi qu'ils se séparèrent l'un et l'autre.

Abram habita dans le pays de Cannan ; et Lot habita dans les villes de la plaine, et dressa ses tentes jusqu'à Sodome. Les gens de Sodome étaient méchants, et de pécheurs contre l'Eternel. L'Eternel dit à Abram, après que Lot se fut séparé de lui : **Lève les yeux, et,** du lieu où tu es ; **regarde** vers le nord et le midi, vers l'orient et l'occident. Car tout le pays que tu vois, je le donnerai à toi et à ta prospérité pour toujours » (Genèse 13 :9-15)

La séparation avec Lot n'a pas été facile, seule la décision profonde peut nous pousser à nous séparer de lui juste là Lot étant péché il choisit Sodome où il avait placé ses tentes, donc il avait son milieu qui le convenait car la bénédiction de Dieu n'avait pas été prononcée sur Lui.

Lot comme un péché, avait pris la direction de Sodome, comme l'indique le 13ᵉ verset du chapitre 13 du livre de Genèse. Donc le péché ne pouvait que chercher sa place.

Voilà, Abram se sépara de Lot, Dieu lui dit Lève tes Yeux et Regarde, donc quand nous nous séparons du péché qui nous colle à nous directement nous allons voir notre bénédiction.

Ainsi avant d'entrer dans notre destinée nous devons la voir soit par une vision, soit à travers quelqu'un que Dieu utilise dans un songe ou avec un message audible pour te confirmer de la vision de ta bénédiction.

Le problème de chrétien est de séparer de Lot. Et qui est ton Lot qui t'empêche de vivre ta bénédiction ? Identifie ton Lot et décides toi de se débarrasser de Lui pour voir ta bénédiction.

IL en est de même d'Abraham, qui se promenait avec son mort ; **Genèse 23 : 4-6**

« Je suis Etranger et habitant parmi vous ; donner moi la possession d'un sépulcre chez vous, pour enterrer mon mort et l'ôter devant moi. Les fils de Heth répondirent à Abraham, en lui disant ; Ecoute-nous, mon Seigneur. Tu es un prince de Dieu au milieu de nous ; enterre ton mort dans celui de nos sépulcres que tu choisiras aucun de nous ne refusera son sépulcre pour enterrer ton mort » (Genèse 23 :4-6)

Abraham, devrait à tout prix enterrer son mort, pour qu'il soit libre afin d'aller chercher à épouser KETURA « Abraham prit encore une femme, nommée Ketura.), qui est sa future destinée, beaucoup d'entre nous se promène avec beaucoup de morts qui leur empêchent d'entrer dans leurs destinées. Quel est ton mort qui t'empêche à épouser **KETURA**, chacun veut être béni, débarrasse-toi de ton mort » **(Genèse 25 :1)**

Regardez dans vos téléphones, il y a certains numéros qu'il faut enterrer, car en le gardant ou en répondant à ces derniers, nous continuons à commettre les péchés ce qui nous éloigne de Dieu et de notre bénédiction. Bloquons certains numéros dans nos téléphones nous serons à même de suivre Dieu pour entrer dans notre bénédiction.

## 3. EPREUVES

Une épreuve est une expérience ayant pour but de faire connaître la valeur d'une chose ou d'une personne.

« Souviens-toi de tout le chemin que l'Eternel, ton Dieu, t'a fait faire pendant quarante années dans le désert, afin de t'humilier et de t'éprouver, pour savoir quelles étaient les dispositions de ton cœur et si tu garderais ou non ses commandements » (Deutéronome 8: 2)

Juste, quand nous nous séparons de Lot, le chemin de brisement commence et Dieu commence sa formation dans notre vie, il commence à nous taille pour avoir une forme requise par lui, comme étant un bon potier qui donne la forme à l'argile que nous sommes.
Personne ne peut prétendre avoir la bénédiction de Dieu sans passer par les épreuves. C'est exactement ce que nous lisons dans le passage ci-dessous :

« Mes frères, regarder comme un sujet de joie complète les diverses épreuves auxquelles vous êtes exposés,  sachant que l'épreuve de votre foi produit la patience. Mais il faut que la patience accomplisse parfaitement son œuvre, afin que vous soyez parfaits et accomplis sans faillir en rien » (Jacques 1 :2-4)

L'épreuve à laquelle nous sommes confrontés, fait partie d'une école de Dieu. Notre Dieu veut à ce que son enfant va bientôt être béni, doit obligatoirement passé par la carrière de Dieu pour être taillé afin nous enlever tous les coins et recoins se trouvant encore dans nous.

« Lorsqu'on bâtit la maison, on se servit de pierres toutes taillées et ni marteau, ni hache, ni aucun instrument de fer, ne furent entendus dans la maison pendant qu'on construisait » (1 Rois 6 :7)

Une personne taillée, donc que Dieu a éprouvé ou est en train d'être éprouvée, est celle qui n'a pas peur de vent ou tempête parce qu'il connait sa destinée et continue sa marche vers sa bénédiction.

« Et il répondit : Je vous dis s'ils se taisent, les pierres crieront. » (Luc 19 : 40

Etes-vous ces pierres qui ont accepté avec joie les épreuves de Dieu ?

Tout enfant de Dieu qui commence un chemin avec Christ a pour finalité entrer en Canaan, c'est pourquoi Dieu a tracé un chemin que nous devons obligatoirement suivre pour être digne à ses yeux.

Sur le chemin de Dieu, il y a la mer rouge, les Hamaleks, le désert etc… tous ceux-ci font partie des épreuves de Dieu dans son école.

Les épreuves auxquelles Dieu nous expose doivent produire la patience. Aujourd'hui les enfants de Dieu à peine converti veulent être bénis à l'instant même, non patientons et attendons le temps de Dieu, sinon nous allons manger les cadavres si nous sommes pressés.

Noé avec Dieu, le fait que Dieu aille fermer la porte de l'Arche, symbolise la patience, dans la vie et d'attendre le temps de Dieu.

« Ils entrèrent dans l'arche auprès de Noé, deux à deux, de toute chair ayant souffle de vie. Il en entra, mâle et femelle, de toute chair, comme Dieu l'avait ordonné à Noé. Puis l'Éternel ferma la porte sur lui » (Genèse 7 : 15-16)

Quand la pluie fut terminée après 40 jours, et comme Noé n'était pas patient, il ouvrit la fenêtre qu'il avait faite à l'Arche. Il lâcha le corbeau, qui sortit, partant et revenant, jusqu'à ce que les eaux aient séchées sur terre. **Genèse 6-7.**

Une question ; Pourquoi le corbeau n'était pas revenu à l'Arche ? C'est parque ce dernier avait trouvé sa nourriture des cadavres hors arche Ainsi tout celui qui accepte les épreuves liées au temps ils mangent aujourd'hui les cadavres.

La joie dont question, il faut la souhaiter même la demander à Dieu de faire passer par les épreuves afin de venir son temps dans ta vie.

## 4. PERSEVERANCE

La persévérance prend naissance dans l'affliction, c'est-à-dire au milieu de la souffrance, ne baisse pas les bras, mais que la souffrance puisse nourrir ta foi afin que tu continues d'avancer.

 «Bien plus, nous nous glorifions dans les tribulations, sachant que la tribulation produit la persévérance, la persévérance la victoire dans l'épreuve, et cette victoire l'espérance. La persévérance la victoire dans l'épreuve, et cette victoire l'espérance » (Romains 5 :3-4 )

C'est au milieu de tes combats que tu pourras puiser la force dont tu as besoin, c'est au sein de l'épreuve que la foi se démultiplie, alors ne négligeons pas la bénédiction qui se trouve caché dans l'adversité.

Ce qui est important, c'est d'être persévérant pour ce qui est bon. Il y en a qui persévèrent dans la rébellion, dans l'orgueil, dans la résistance au Seigneur, mais ce n'est pas ce genre de persévérance qui nous intéresse. Ce qui nous intéresse c'est la persévérance dans la foi et dans le Seigneur.

Le mot traduit dans la Bible par persévérer signifie souvent dans les textes originaux : ***être patient dans l'épreuve, être ferme, courageux, tenir bon dans les difficultés, dans les épreuves, dans les tentations pour arriver jusqu'au bout.***

« Car vous avez besoin de persévérance (de patience dans l'épreuve), afin qu'après avoir accompli la volonté de Dieu (l'obéissance à la Parole), vous obteniez ce qui vous est promis. Encore un peu, un peu de temps, celui qui doit venir viendra, et il ne tardera pas. Et le juste vivra par la foi, mais, s'il se retire, mon âme ne prend pas plaisir en lui ».

Se retirer, c'est abandonner la persévérance de la foi. Et quand on abandonne la persévérance de la foi, ce n'est pas que l'épreuve est trop grande, c'est que nos yeux ont quitté le Seigneur Jésus et sa parole, et quand nos yeux quittent le Seigneur Jésus et sa parole, on sombre !

Souvenez-vous de Pierre qui avait marché sur les eaux, une seule parole de Jésus avait suffi **''Viens''**. Il marche sur l'eau. Il quitte Jésus des yeux, il voit la tempête, le vent.

Comme il avait quitté Jésus des yeux, la peur, l'angoisse, la crainte sont venues et il a coulé. Mais il a eu la bonne réaction : "Seigneur, à l'aide !" et Jésus est venu, l'a relevé et ils sont retournés en marchant sur l'eau vers le bateau.

Donc, il peut nous arriver de couler parce que nous avons peur. Dieu nous connaît tellement bien ! Quand Pierre a crié "Jésus à l'aide !" vous croyez qu'il a crié dans l'incrédulité pensant que Jésus n'allait pas l'aider ? Il a crié avec confiance parce qu'il connaissait son Seigneur. Donc si nous crions là encore ***"Jésus, à l'aide !"*** de tout notre cœur, il est là pour nous aider.

Un athlète ne peut être couronné que quand il persévère dans la course, c'est vrai il arrive de fois il tombe, mais il se relève et continue sa course car son objectif est d'être couronné à la fin de la course.
« Car vous avez besoin de persévérance, afin qu'après avoir accompli la volonté de Dieu, vous abstiendrez ce qui vous est promis » (Hébreux 10 :36)

Notre Dieu nous a promis une bénédiction, mais pour l'avoir il nous faut la persévérance dans les difficultés ou épreuve.

## 5. LE PRINCIPE DE GRANDIR

**1. Grandir :** C'est surmonter les épreuves auxquelles Dieu nous a soumis qui sont un chemin obligé pour forger notre caractère spirituel.

**2. Grandir : C'est** mettre en pratique la parole de Dieu, donc Craindre Dieu.

**3. Grandir : C'est** consulter Dieu à tout moment et dans toutes les circonstances.

*« David consulta l'Eternel, en disant : Irai-je, et battrai-je ces Philistins ? Et* l'Eternel lui répondit : Va, tu battras les Philistins t tu délivreras Keïla » (1 Samuel 23 :2)

**4. Grandir :** C'est quitter la médiocrité pour l'excellence.

## CHAPITRE IV.

## LES LOIS DE LA BENEDICTION DE L'ETERNEL

Comme nous l'avons évoqué ci-haut, notre Dieu c'est un Dieu de Lois, que nous devons mettre en pratique pour entrer dans notre bénédiction.

La mise en pratique de ces lois nous pousse même sans prier à vivre la bénédiction.

## I. LA LOI DE SEMAILLE ET DE LA MOISSON

« Tant que la terre subsistera, les semailles et la moisson, le froid et la chaleur, l'été et l'hiver, le jour et la nuit ne cesseront point » (Genèse 8 :22)

Cette loi, est universelle et fondamentale, car c'est que nous sommes nous tous ici présent, c'est le fruit de cette loi. Car mes parents m'ont semé, après neuf (9) moi je suis venu dans le monde.

Ainsi, chaque nature de la récolte dépend de Dieu lui-même, nous sommes obligés de semer car, ce n'est pas forcement ce que nous semons ce c'est que nous allons récolter.

Exemple. :

1. Abraham avait semé de la nourriture chez Dieu, il avait récolté Isaac.

«L'Éternel lui apparut parmi les chênes de Mamré, comme il était assis à l'entrée de sa tente, pendant la chaleur du jour. Il leva les yeux, et regarda: et voici, trois hommes étaient debout près de lui. Quand il les vit, il courut au-devant d'eux, depuis l'entrée de sa tente, et se prosterna en terre. Et il dit: Seigneur, si j'ai trouvé grâce à tes yeux, ne passe point, je te prie, loin de ton serviteur. Permettez qu'on apporte un peu d'eau, pour vous laver les pieds; et reposez-vous sous cet arbre. J'irai prendre un morceau de pain, pour fortifier votre cœur; après quoi, vous continuerez votre route; car c'est pour cela que vous passez près de votre serviteur.

Ils répondirent: Fais comme tu l'as dit. Abraham alla promptement dans sa tente vers Sara, et il dit: Vite, trois mesures de fleur de farine, pétris, et fais des gâteaux. Et Abraham courut à son troupeau, prit un veau tendre et bon, et le donna à un serviteur, qui se hâta de l'apprêter. Il prit encore de la crème et du lait, avec le veau qu'on avait apprêté, et il les mit devant eux. Il se tint lui-même à leurs côtés, sous l'arbre. Et ils mangèrent.

Alors ils lui dirent: Où est Sara, ta femme? Il répondit: Elle est là, dans la tente. L'un d'entre eux dit: Je reviendrai vers toi à cette même époque; et voici, Sara, ta femme, aura un fils. Sara écoutait à l'entrée de la tente, qui était derrière lui.

Abraham et Sara étaient vieux, avancés en âge: et Sara ne pouvait plus espérer avoir des enfants. Elle rit en elle-même, en disant: Maintenant que je suis vieille, aurais-je encore des désirs? Mon seigneur aussi est vieux.

L'Éternel dit à Abraham: Pourquoi donc Sara a-t-elle ri, en disant: Est-ce que vraiment j'aurais un enfant, moi qui suis vieille? Y a-t-il rien qui soit étonnant de la part de l'Éternel? Au temps fixé je reviendrai vers toi, à cette même époque; et Sara aura un fils.» (Genèse 18 :1-14)

2. La femme de distinction avait semé l'hospitalité chez l'homme de Dieu Elisée et avait récolté un fils

«Un jour Élisée passait par Sunem. Il y avait là une femme de distinction, qui le pressa d'accepter à manger. Et toutes les fois qu'il passait, il se rendait chez elle pour manger.

Elle dit à son mari: Voici, je sais que cet homme qui passe toujours chez nous est un saint homme de Dieu. Faisons une petite chambre haute avec des murs, et mettons-y pour lui un lit, une table, un siège et un chandelier, afin qu'il s'y retire quand il viendra chez nous.

Élisée, étant revenu à Sunem, se retira dans la chambre haute et y coucha. Il dit à Guéhazi, son serviteur: Appelle cette Sunamite. Guéhazi l'appela, et elle se présenta devant lui. Et Élisée dit à Guéhazi: Dis-lui: Voici, tu nous as montré tout cet empressement; que peut-on faire pour toi? Faut-il parler pour toi au roi ou au chef de l'armée?

Elle répondit: J'habite au milieu de mon peuple. Et il dit: Que faire pour elle? Guéhazi répondit: Mais, elle n'a point de fils, et son mari est vieux. Et il dit: Appelle-la. Guéhazi l'appela, et elle se présenta à la porte. Élisée lui dit: A cette même époque, l'année prochaine, tu embrasseras un fils. Et elle dit: Non! Mon seigneur, homme de Dieu, ne trompe pas ta servante! Cette femme devint enceinte, et elle enfanta un fils à la même époque, l'année suivante, comme Élisée lui avait dit.» (2 Rois 4 :8-17)

Personne dans ce monde ne peut jamais s'en passée de cette loi, c'est la raison d'être de chaque Humain.

« Ne vous y trompez pas : on ne se moque pas de Dieu, Ce qu'un homme aura semé, il le moissonnera aussi » (Galates 6 :7)

Dans cette loi, il y a 5 grands éléments très important qui entrent en compte il s'agit de :

1. La semence (sa nature);
2. La Terre ;
3. La Qualité de la semence ;
4. La Quantité de la semence ;
5. Le Temps.

## 1. La semence

C'est une petite graine qu'on met sous terre pour la reproduction.

Pour la vie de l'homme la semence peut être composée de :

- La pensée ;

- La parole ;
- Les actes ;
- Les gestes…..

La bonne semence doit être considérée comme une bonne parole, bonne pensée, bon acte, bon geste, donc tout ce qui est bien doit représenter une bonne semence et tout ce qui est mauvais représentera la mauvaise semence

La première semence selon la bible c'est la Parole de Dieu ; ''Voici ce que signifie cette parabole : La semence c'est la Parole de Dieu'' (Luc 8 :11)

La bible nous dit *''J'avais dit : Vous êtes des dieux, vous êtes tous des fils du Très Haut. Cependant vous mourrez comme de prince quelconque''* (Psaumes 82 :6-7)

Etant de dieu, nous devons avoir le caractère de notre Père Dieu, qui est de ''Créer'' or Notre Dieu crée toujours par sa Parole, de même nous sommes nous sommes en train de créer par la Parole qui à la longue, la créature créée par nous, nous amène beaucoup de problèmes.

Chacun d'entre nous est le fruit d'une certaine parole créée par ses parents ou autres.

## 2. La Terre

Cette terre doit remplir quelques conditions pour recevoir la semence, elle doit être fertile. Dans la plupart de cas le Terre est aussi considérée comme un serviteur de Dieu qui le craint, son mandaté, qui peut prononcer de parole de bénédiction.

« L'Eternel Dieu forma l'homme de la poussière de la Terre…. » (Genèse 2 :7a)

Ainsi la Terre c'est une assiette qui doit contenir la semence, ou un endroit où la semence doit être plantée.

Nous remarquons que certains Pasteurs ou Hommes de Dieu ne représentent pas la bonne terre, dans ce cas il est difficile de recevoir une bonne semence soit-elle, car elle ne pourra pas pousser.

Beaucoup de chrétien nous disent qu'ils ont beaucoup semé c'est bien mais quelle terre, peuvent-ils prétendre avoir une bonne récolte ? Non choisissons une belle terre si nous voulons bien semer.

Ta dîme, ton offrande, tes dons que tu sèmes, peuvent-ils produire de fruit ?

## 3. Qualité de la semence

Vous offrez sur mon autel des aliments impurs, et vous dites, En quoi t'avons-nous profané ? C'est en disant : La table de l'Eternel est méprisable. Quand vous offrez en sacrifice une bête aveugle, n'est-ce pas mal ? Quand vous en offrez une boiteuse ou infirme, n'est-ce pas mal ? Offre-la donc à ton gouverneur. Te recevra-t-il bien, te fera-t-il bon accueil ? Dis l'Eternel des armées ? » (Malachie 1 :7-8 )

Si tu veux semer, tu dois faire usage de la qualité d'une bonne semence qui après l'avoir semé, tu peux prétendre avoir des bons fruits. Car une semence pourrie, il est difficile d'attendre une bonne récolte.

Aujourd'hui, nous remarquons que certains frères et sœurs amènent dans la maison de l'Eternal des semences pourries issues d'un travail qui n'honore pas Dieu, pour venir semer à l'Eglise, même si la terre est bonne (dans une Eglise où l'Homme de Dieu est un véritable Oint de Dieu) cette semence ne donnera jamais de fruits car sa qualité n'est pas bonne.

**Exemple** : Une sœur qui se prostitue, un matin elle amène une offrande dans la maison de Dieu, ou une somme d'argent remise au pasteur comme quoi, elle a besoin d'une bénédiction, cet argent ne produira jamais de fruits car la semence est pourrie.

La qualité d'une semence est très importante, pour avoir une bonne récolte et également, la Terre doit obligatoirement être fertile pour que la semence plantée puisse pousser pour enfin avoir une bonne récolte. Car tu peux avoir une semence et que la terre n'est pas fertile, il est difficile que cette dernière pousse.

Dans d'autre cas ta semence pourrie et la terre pourrie, là tu n'entends rien de récolte.

## 4. La quantité de la semence

> *« Sachez-le, celui qui sème peu moissonnera peu, et celui qui sème abondamment moissonnera abondamment »* (2 Corinthiens 9 : 6)

« Donner, et il vous sera donné : on versera dans votre sein une bonne mesure, serrée, secouée et qui déborde ; car on vous mesurera avec la même mesure dont vous vous serez servis » (Luc 6 : 38)

Les hommes aiment récolter en grande quantité, mais ils oublient, celle qu'ils avaient mis en terre n'étaient pas abondante.

**Exemple** : Un Monsieur qui prie beaucoup dans une grande église où il y a une grande onction chez un Pasteur faisant beaucoup de miracles, alors beaucoup, avait un verre d'arachides qu'il venait de semer dans une très bonne terre fertile. Ce dernier a commencé encore beaucoup prier, jeuner, participer à la veillée de prière, en disant qu'à la récolte j'aurais 5 tonnes.

Non bien aimé même si notre Dieu est un Dieu de multiplication, c'est impossible d'avoir une quantité importante que celle semée or la parole de Dieu.

> *« Sachez-le, celui qui sème peu moissonnera peu, et celui qui, sème abondamment moissonnera abondamment » **(2 Corinthiens 9 : 6)***

Ainsi, semons beaucoup en quantité industrielle nos jeunes, dons, offrandes, louanges et toutes bonnes œuvres…. De là nous pourrions prétendre en récolter en abondance

## 5. Le temps

« Lorsque le temps de la récolte fut arrivé, il envoya ses serviteurs vers les vignerons, pour recevoir le produit de sa vigne » (Matthieu 21 : 34)

Le temps est la date à laquelle la récolte devient mature. Mais aujourd'hui dans la plupart de cas, les chrétiens nouvellement convertis veulent souvent récolter le jour même où ils venaient de semer.

Nous devons attendre le temps de Dieu, un temps que lui-même Dieu nous dira que la nourriture est cuite. Car ceux qui ne sont pas patients ont mangé de cadavres comme c'a été le cas du corbeau de Noé.

Vous comprendrez que dans l'agriculture, la notion de récolte est souvent respectée comme pour les produits ci-après on en tient compte, il s'agit de :

- Manioc il faut attendre 9 mois pour sa récolte ;
- Maïs 4 mois de récolte ;
- Arachides 2 mois de récolte ;
- Café 5 ans…

Alors toi chrétien dans quels champs as-tu semé pour récolter le jour même, Il faut attendre  le temps pour manger les aliments bien cuits.

## II. LA LOI DE LA MATURITÉ

« Or aussi longtemps que l'héritier est enfant, je dis qu'il ne diffère en rien d'un esclave, quoiqu'il soit le maître de tout. Mais il est sous des tuteurs et des administrateurs jusqu'au temps marqué par le père » (Galates 4 :1-2)

« Lorsque j'étais enfant, je parlais comme enfant, je pensais comme enfant, je raisonnais comme un enfant ; lorsque je suis devenu homme, je fais disparaitre ce qui était de l'enfant » (1 Corinthiens 13 :11 )

La bénédiction de l'Eternel dont il est question a **un âge,** donc pour

Dieu te bénisse il faut obligatoirement grandir alors grandir. Dieu n'a besoin de ton âge de calendrier, encore moins de ta taille pour dire aux gens que tu as grandi, non. Dieu a besoin que ton âge soit celui que lui va te donner. L'Age de la bénédiction, l'âge de la maturité.

« Bien- Aime, je souhaite que tu prospère à tous égards et en bonne santé comme prospère l'état de ton âme » (3 Jean 1 :2)

Celui que Dieu considère comme mature, c'est tout celui qui a grandi dans la connaissance de la parole de Dieu et la met en pratique, bref celui qui craint Dieu. Facilitons Dieu pour qu'il nous bénisse vite car dans son dépôt il y a tout. Alors ne soyons pas comme un enfant ou un bébé qui a toujours besoin d'un tuteur, effacez vos comportements de bébé.

Même dans la vie courante, il est difficile à un Parent de laisser tout son héritage à un enfant ou un bébé, et à plus forte raison le créateur comment peut-il penser à laisser son héritage à toi qui n'a pas encore grandi ?

Chers frères, Jésus-Christ c'est notre *''tout''*, donc tout ce dont nous avons besoin, et la bénédiction de Dieu doit aussi tenir compte de *la **taille ainsi que ta maturité spirituelle*** c'est pourquoi dans **Luc 19 :2-5** la taille de Zachée lui avait fait manquer de voir Jésus. Vous pouvez le lire dans le texte ci-dessous :
« Et voici, un homme riche, appelé Zachée, chef des républicains, cherchait à voir qui est Jésus ; mais il ne pouvait y parvenir, à cause de la foule, car il était de petite taille. Il courut en avant, et monta sur un sycomore pour voir, parce qu'il devait passer par là. Lorsque Jésus fut arrivé à cet endroit, il leva les yeux et lui dit ; Zachée, hâte-toi de descendre ; car il faut que je demeure aujourd'hui dans ta maison » (Luc 19 :2-5)

Voilà comme un homme d'une petite taille a facilité à Jésus de le voir, en courant et à ne pas suivre la foule qui était autour de lui, et pour grandir il est allé monter sur le Sycomore symbole de la parole de Dieu qui la fait ajouter quelques centimètres pour grandir afin de voir Jésus alors toi à quand vas-tu monter sur le Sycomore.

Grandir c'est l'obéissance de la parole de Dieu et sa mise en pratique comme c'est recommandé dans :

« Aujourd'hui l'Eternel, ton Dieu, te recommande de mettre en pratique ces lois et ses ordonnances ; tu les observeras et tu les mettras en pratique de tout ton cœur et de toute ton âme » (Deutéronome 26 : 16)

et Josué 1 :8 « Que ce livre de la loi ne s'éloigne point de ta bouche, médite-le jour nuit, pour agir fidèlement selon tout ce qui y est écrit, car c'est alors que tu auras du succès dans tes entreprise, c'est alors que tu réussiras. »

Notre immaturité, notre taille spirituelle nous font rater la bénédiction de Dieu, grandissons.

## III. LA LOI DE BONNE ODEUR

« Jacob s'approcha, et le baisa, Isaac senti l'odeur de ses vêtements, puis il le bénit, et dit : voici, l'odeur de mon fils est comme l'odeur d'un champ que l'Eternel a béni » (Genèse 27 :27)

Notre Dieu, pour nous bénir, il a besoin que nous dégagions une bonne odeur donc être propre, être sanctifié sans péché, avoir un comportement, être juste et intègre.

« Nous sommes, en effet, pour Dieu la bonne odeur de Christ, parmi ceux qui sont sauvés et parmi ceux qui périssent ; aux uns, une odeur de mort, donnant la mort ; aux autres, une odeur de vie donnant la vie » (2 Corinthiens 2 :15-16)

Quelle odeur dégages-tu pour que Dieu te bénisse ? L'odeur du pays, de ville, de ton Eglise, de ta famille ?

Donc soyons donc purs comme de vases d'honneur qu'on lave chaque jour pour être toujours propre ne connaissant pas le jour où un visiteur de marque viendra.

Toujours être prêt car personne ne connait le jour où nous serons visités par Dieu.

« Dans une grande maison, il n'y a pas seulement des vases d'or et d'argent, mais il y en a aussi de bois et de terre ; les uns sont des vases d'honneur, et les autres sont d'un usage vil. Si donc quelqu'un se conserve pur, en s'abstenant de ces choses, il sera un vase d'honneur, sanctifié utile à son maitre, propre à toute bonne œuvre » (2 Timothée 2 : 20-21)

Nous devons nous abstenir des choses de ce monde énumérées dans le texte que nous vous détaillons ci-dessous :

« Car tout ce qui est dans le monde, la convoitise de la chair, la convoitise des yeux et l'orgueil de la vie, ne vient point du Père, mais vient du monde » (1 Jean 2 :16)

Ces trois convoitises nous empêchent à devenir purs si nous les mettons en pratique.

## IV. LA LOI DE LA RECONNAISSANCE

La reconnaissance c'est l'action par laquelle on retrouve dans sa mémoire l'idée, l'image d'une chose ou d'une personne quand on vient à la revoir.

La reconnaissance signifie encore un Aveu, une confession d'une faute.

« IL accorde, au contraire, une grâce plus excellence ; c'est pourquoi l'Ecriture dit : Dieu résiste aux orgueilleux, Mais il fait grâce aux humbles. » (Jacques 4 :6)

Une personne reconnaissante est une personne humble, c'est une personne qui reçoit facilement la grâce de Dieu et le regard de Dieu est fixé sur elle.

« Rendez grâces en toutes choses, car c'est à votre égard la volonté de Dieu en Jésus –Christ » (1 Thessaloniciens 5 : 18)

Celui qui est armé de la puissance de la reconnaissance, il a accès à la bénédiction d'accroissement et de la multiplication.

Combien de fois n'avons-nous pas été l'objet de la grâce de Dieu, vivre sa main puissante, ses merveilles, ses miracles pourquoi ne pas lui reconnaitre.

**Exemple de fait** :

1. Pendant notre sommeil personne n'est jamais tombée de son lit ou même n'a jamais mouillé son lit avec l'urine, c'est parce que Jésus – Christ est pendant notre sommeil c'est lui la sentinelle. Donc nous devons lui être reconnaissants.

2. Qui peut me dire qu'à la fin de chaque mois Jésus –Christ lui brandit la facture pour la consommation de l'oxygène qu'il a consommé ?

3. Qui peut me dire qu'il connait la source de la voix qui sort de sa bouche ?

Soyons seulement reconnaissant, Dieu va nous bénir.

« L'un de malfaiteurs crucifiés l'injuriait, disant : N'es-tu pas le christ ? Sauve-toi toi-même, et sauve-nous ; Mais l'autre le reprenait, et disait : Ne crains-tu pas Dieu, toi qui subis la même condamnation ? Pour nous, c'est justice car nous recevons ce qu'ont mérité nos crimes ; mais celui-ci n'a rien fait de mal. Et il dit à Jésus : Souviens-toi de moi, quand tu viendras dans ton règne. 43 Jésus lui répondit : Je te le dis en vérité, aujourd'hui tu seras avec moi dans le paradis » (Luc 23 :39-43)

Nous voyons ici la reconnaissance de l'un de malfaiteur était tellement reconnaissant de ce que Jésus –Christ a fait pour lui.

Beaucoup de personnes aujourd'hui disent que Dieu n'a jamais fait quelque chose dans leur vie c'est une ingratitude, car en aucun jour pour le souffre de vie Dieu nous a brandit une facture pour payer.

Cette loi si nous la mettons en pratique, elle peut changer une vie entière d'échec en une vie réussite instantanée.

Dans cette loi, il faut être reconnaissant même dans les petites choses comme nous pouvons le lire ci-dessous :

« Celui qui est fidèle dans les moindres choses l'est aussi dans les grandes, et celui qui est injuste dans les moindres choses l'est aussi dans les grandes » (Luc 16 :10)

« Il lui dit : c'est bien, bon serviteur ; parce que tu as fidèle en peu de choses, reçois le gouvernement de dix villes ». (Luc 19 :17)

Dans la vie courante il y a 4 catégories des Chrétiens qui manquent de reconnaissance à Dieu :

1. Les personnes qui oublient les bienfaits du Seigneur à leur endroit ils sont appelés Injustes.
« Car Dieu n'est pas injuste, pour oublier votre travail et l'amour que vous avez montré pour son nom, ayant rendu et rendant encore des services aux saints » ((Heureux 6 :10)

2.     Les personnes qui oublient les générosités de Dieu sont **Orgueilleux**

« Tu te souviendras que tu as été esclave au pays d'Égypte, et que l'Éternel, ton Dieu, t'a racheté; c'est pourquoi je te donne aujourd'hui ce commandement » (Deutéronomes 15 :15)

3.     Les personnes qui oublient tout ce que le Seigneur a déjà fait pour elles **sont destinées à dessécher.**

« Le jonc croît-il sans marais? Le roseau croît-il sans humidité? Encore vert et sans qu'on le coupe, Il sèche plus vite que toutes les herbes. Ainsi arrive-t-il à tous ceux qui oublient Dieu, Et l'espérance de l'impie périra » ((Job 8 :11-13)

4. Les personnes qui maquent de connaissance, Elles enferment leurs descendances dans l'oubli.

« Mon peuple est détruit, parce qu'il lui manque la connaissance. Puisque tu as rejeté la connaissance, Je te rejetterai, et tu seras dépouillé de mon sacerdoce; Puisque tu as oublié la loi de ton Dieu, J'oublierai aussi tes enfants » (Osée 4 :6)
Nous devons être reconnaissants car Dieu détruit ce que bâtissent les Ingrats
« Israël a oublié celui qui l'a fait, Et a bâti des palais, Et Juda a multiplié les villes fortes; Mais j'enverrai le feu dans leurs villes, Et il en dévorera les palais » (Osée 8 :14)
Donc quand nous sommes reconnaissants Dieu nous béni encore d'avantage.

## V. LA LOI DE RASSASIER DIEU

Dans cette loi, il s'avère que notre Dieu avant de bénir il doit d'abord être rassasié.

Dieu avait délégué son pouvoir à ses mandatés, qui parlent aujourd'hui au Nom de Dieu pour ce faire, comme ils sont la bouche de Dieu, ils doivent être rassasiés afin de prononcer les bonnes paroles qui seront transformées en richesses après un temps donné.
Le cas le plus explicite est celui d'Abram qui avait reçu Dieu à travers les Anges qui passaient pour aller détruire Sodome et Gomorrhe, ces agents avaient tellement mangé à tel point qu'ils ont sorti de bonnes paroles à Abram qui était dans l'attente d'une bénédiction donc avoir « **un enfant** ».

« L'Eternel lui apparut parmi les chênes de Mamré, comme il était assis à l'entrée de sa tente, pendant la chaleur du jour. Il leva les yeux, et regarda : et voici, trois hommes étaient debout près de lui. Quand il les vit, il courut au-devant d'eux, depuis l'entrée de sa tente, et se prosterna en terre. Et il dit : Seigneur, si j'ai trouvé grâce à tes yeux, ne passe point, je te prie, loin de ton serviteur. Permettez qu'on apporte un peu d'eau, pour vous laver les pieds ; et reposez-vous sous cet arbre. J'irai prendre un morceau de pain, pour fortifier votre cœur ; après quoi, vous continuerez votre route ; car c'est pour cela que vous passez près de votre serviteur. Ils répondirent : Fais comme tu l'as dit.

Abraham alla promptement dans sa tente vers Sara, et il dit : Vite, trois mesures de fleur de farine, pétris, et fait des gâteaux. Et Abraham courut à troupeau, prit un veau tendre et bon, et le donna à serviteur, qui se hâta de l'apprêter. Il prit encore de la crème et du lait, avec le veau qu'on avait apprêté, et il les mit devant eux. Il se tint lui-même à leurs côtés, sous l'arbre. Et ils mangèrent. Alors ils lui dirent : Où est Sara, ta femme ? Il répondit : Elle est là, dans la tente. L'un d'entre eux dit : Je reviendrai vers toi à cette même époque ; et voici, Sara, ta femme, aura un fils. Sara écoutait à l'entrée de la tente, qui était derrière lui. Abraham et Sara étaient vieux, avancés en âge : et Sara ne pouvait plus espérer avoir des enfants. Elle rit en elle-même en disant : Maintenant que je suis veille, aurais-je encore des désirs ? Mon seigneur aussi est vieux.

L'Eternel dit à Abraham : Pourquoi donc Sara a-t-elle ri, en disant : Est-ce que vraiment j'aurai un enfant, moi qui suis vieille ? Y a-t-il rien qui soit étonnant de la part de l'Eternel ? Au temps fixé je reviendrai vers toi, à cette même époque ; et Sara aura un fils » (Genèse 18 :1-14)

En lisant ce récit, nous comprenons que ce qui a poussé Dieu à prononcer de bonnes paroles sur Abraham, c'est le fait **d'être rassasié**, donc nous devons faire manger Dieu ou ses représentants à les rassasier pour qu'ils prononcent de bonnes paroles qui seront pour nous une bénédiction.

Notre Dieu ne se rassasie pas seulement de biens matériels ou de l'argent mais surtout il mange la nourriture céleste qui consiste en la louange et adoration.

« Pourtant tu es le Saint, Tu sièges au milieu des louanges d'Israël » (Psaume 22 : 4)

A chaque fois que notre Dieu siège, il prend de grandes bonnes décisions pour nous ses enfants, donc il doit manger toujours notre louange et adoration jusqu'à ce qu'il soit rassasié.

## VI. LA LOI DE SOUVENIR

Le souvenir : c'est une impression que conserve notre mémoire de quelque chose bonne ou mauvaise.

Notre Dieu parvient à bénir ses enfants à partir d'un souvenir quelconque encré dans sa mémoire.

C'est ainsi, que notre Dieu détient souvent quelques livres dans lesquels nos noms sont inscrits il s'agit de :

*1. Livre de vie* : dans lequel sont inscrits les noms de toute personne dès sa naissance.

*2. Livre de jugement* : Un livre où on retrouve les noms de tout ce qui désobéi à Dieu donc ceux qui pèche.

*3. Livre de souvenir* : Un livre où on retrouve les noms de tout ce qui pose de bonnes œuvres en faveur de notre Dieu.

Ainsi toute bonne œuvre faite en faveur du royaume de Dieu rappelle Dieu à nous bénir sans même prier.

« Ne les crois point. Rappelle à ton souvenir ce que l'Eternel, ton Dieu, a fait à Pharaon et à toute l'Egypte » (Deutéronome 7 : 18)

Donc pour que Dieu te bénisse, il doit obligatoirement se souvenir de toi ou de quelques choses que tu as faites qui sont restées graver dans sa mémoire. Alors qu'as-tu fait pour que Dieu se souvienne de toi afin de te bénir ?

La différence entre Dieu et l'Homme dans ce domaine de souvenir, Dieu dans sa mémoire il n'y a que toutes nos bonnes œuvres qui restent encrer, tandis que, l'Homme dans sa mémoire seules les mauvaises choses malgré les bonnes faites pour lui.

**Quelques moyens par lesquels Dieu se souvient de ses enfants afin de les bénir.**

### 1. Marché dans la crainte de Dieu

« Alors ceux qui craignent l'Eternel fut parlèrent l'un à l'autre ; l'Eternel fut attentif et il écouta ; Et un livre de souvenir fut écrit devant lui Pour ceux qui craignent l'Eternel Et qui honorent son Nom » (Malachie 3 :16)

Pour que ton Nom soit inscrit dans ce livre il faut marcher dans la crainte de l'Eternel, fuir le péché, obéir à la parole de Dieu et la mettre en pratique.

Celui qui craint Dieu a beaucoup d'avantages dans plusieurs domaines tels que :

**a) La longévité :**

« La crainte de l'Eternel augmente les jours, mais les années des méchants sont abrégées » (Proverbe 10 :27)

**b) La sécurité :**

« L'ange de l'Eternel campe autour de ceux qui le craignent, Et il les arrache du danger » (Psaumes 34 : 8)

**c) Guérison :**

« O Eternel ! Souviens-toi que j'ai marché devant ta face avec fidélité et intégrité de cœur, et que j'ai fait ce qui est bien à tes yeux ! Et Ezéchias répandit d'abondantes larmes » (Esaïe 38 :3)

## 2. Servir Dieu

« C'est l'œuvre du Dieu de ton père, qui t'aidera ; C'est l'œuvre du Tout – Puissant, qui te bénira Des bénédictions des cieux en haut, Des bénédictions des eaux en bas, des bénédictions des mamelles et du sein maternel » (Genèse 49 :25)

Nous avons été créés pour servir Dieu, car nous sommes un investissement de Dieu, qu'il attend toujours voir le servir. C'est pourquoi, il a mis en l'homme comme ouvrage.

« Car nous sommes son ouvrage, ayant été créés en Jésus-Christ pour de bonnes œuvres que Dieu a préparées d'avance, afin que nous les pratiquions » (Ephésiens 2 :10)

Dans  cet ouvrage Dieu attend de nous le servir pour qu'il nous bénisse, d'où à la création de l'homme, il a utilisé *l'Ostéologie ; la science anatomique qui étudie les os*, ainsi il a mis dans l'homme 206 os, qui symbolisent 206 colonnes qu'on peut utiliser dans une construction d'un complexe commercial ou d'une grande villa, à cause de cet investissement notre Dieu attend de nous **le servir**.

Or nous savons que, quand un homme construit son complexe de 206 colonnes d'abord sans tête c'est pour que ce dernier dès que sa construction est finie, il devient une source de revenu donc son investissement, c'est de même avec notre Dieu, nous sommes **son ouvrage créé pour le servir**. Sinon, il risque de fermer ou nous couper

« Tout arbre qui ne porte pas de bons fruits est coupé et jeté au feu » (Matthieu 7 :19)

## 3. Offrande et Dîme

« Sur tes murs, Jérusalem, j'ai placé des gardes, ils ne se tairont ni jour ni nuit. Vous qui la rappelez au souvenir de l'Eternel, point de repos pour vous » (Esaïe 62 :6)

Les dons que nous donnons pour Dieu constituent de gardes qui réveillent la mémoire de Dieu pendant que nous sommes endormies ou en repos, elles ne dorment pas, elles sont là pour rappeler à notre Dieu ces biens faits et Dieu agit en fonctions de nos œuvres.

« Apporter à la maison du trésor toutes les dîmes, Afin qu'il y ait de la nourriture dans la maison, Mettez-moi de la sorte à l'épreuve, Dit l'Eternel des armées. ET vous verrez si je n'ouvre pas pour vous les écluses des cieux, Si je ne répands sur vous la bénédiction en abondance. Pour vous je menacerai celui qui dévore, Et il ne vous détruira pas les fruits de la terre et la vigne ne sera pas stérile dans vos campagnes, Dit l'Eternel des armées » (Malachie 3 :10-11 )

**Que signifie Payer la dîme** ? Cela peut passer pour suranné, mais c'est la clé la plus fondamentale de toute stabilité économique ou financière, et cela nous garantit la bénédiction de Dieu tout puissant. En gros, c'est remettre à Dieu le dixième de ses revenus, pour l'honorer.

« Tu lèveras la dîme de tout ce que produira ta semence […] tu mangeras devant l'Éternel, ton Dieu, […] la dîme de ton blé, de ton moût et de ton huile, et les premiers-nés de ton gros et de ton menu bétail, afin que tu apprennes à craindre toujours l'Éternel, ton Dieu » (Deutéronome 14.22-23)

La dîme n'était pas optionnelle, c'était un commandement de Dieu. Elle était au centre de sa relation avec son peuple, un rappel constant que tout leur venait de sa main. Que Dieu avait promis de les protéger et de pourvoir à leurs besoins… aussi longtemps qu'ils lui obéiraient, le serviraient et lui donneraient la première place. Comme le leur avait enseigné Moïse, la dîme était "une chose consacrée à l'Éternel", qu'elle lui appartenait

« Toute dîme de la terre, soit des récoltes de la terre, soit du fruit des arbres, appartient à l'Éternel ; c'est une chose consacrée à l'Éternel » ((Lévitique 27.30).

**Dieu veut que nous comprenions que donner est la clé de sa bénédiction.**

Tandis que les Israélites se préparaient à entrer dans le Pays Promis, Moïse les pressa de se souvenir que la dîme était très importante pour Dieu. Qu'ils devaient la donner sur tout. Non pas de temps en temps ou lorsque cela les arrangeait. Non. "Chaque année."

C'était là une loi perpétuelle, valable pour toutes les générations. Son but était d'apprendre au peuple "à craindre toujours l'Éternel, ton Dieu". Pourquoi ? Parce qu'ils avaient besoin de lui donner la première place dans leurs vies. Afin qu'ils n'oublient pas sa sainteté, Dieu leur donna des règles et des directives spécifiques concernant la dîme. Pourquoi ? Parce qu'ils avaient besoin de la donner… pour leur propre bien.

Ces mêmes principes sont valables aujourd'hui. Il existe beaucoup d'excuses pour ne pas respecter la dîme, et les raisons pour lesquelles les gens ne donnent pas à Dieu sont légion : autres priorités, intérêts personnels, habitudes. Mais Dieu veut que nous comprenions que donner est la clé de sa bénédiction. Que dans tout ce que nous faisons, nous devons chercher premièrement son royaume.

Assurez-vous que Dieu occupe la première place dans votre cœur. Manifestez cet engagement en lui offrant des actions de grâce Donnez-lui sa dîme. Mais apportez-lui aussi vos offrandes et semez pour son royaume. Il est saint, il est digne ! Vous pouvez lui confier votre vie.

## 4. Prière

La Prière peut s'expliquer en ces mots « action de parler avec Dieu » elle peut être aussi considérée comme étant un chemin qui nous approche de Dieu.
Bref, Prier veut dire :

- Adresser     : Aller trouver ou avoir recours ;
- Invoquer     : Appeler à son secours ;
- Supplier, Implorer : faire avec instance ;

- Intercéder    : Intervenir en faveur de quelqu'un ;
- Intervenir    : Prendre part à une action ou jouer un rôle ;

Donc la prière c'est un moyen de communication, de se mettre en ligne directe avec le Créateur. Aucune bénédiction de Dieu par son enfant ne peut lui être accordée sans prière.

« Prier sans cesse » (1 Thessaloniciens 5 :17)

Bien aimés toute prière que nous adressons à Dieu est une semence et Dieu se souvient de cette semence pour nous bénir.

## VII. LA LOI D'ASSOCIATION.

Dans cette loi, nous devons avoir l'intérêt de Dieu, donc avant d'être béni Dieu regarde, son intérêt.

1 Corinthiens 10 :24 « Que personne ne cherche son propre intérêt, mais que chacun cherche celui d'autrui ».

Dans la Bible, ANNE femme d'ELKANA, stérile, pas d'enfant, était une femme de prière, elle cherchait Dieu de tout son cœur afin d'avoir un enfant, mais ses prières selon elle, n'étaient pas entendues par Dieu. Mais le jour où elle a changé sa prière en associant Dieu, Dieu a trouvé intéressant sa prière, et la bénédiction n'a pas tardé de venir.

« Anne dit : Mon seigneur, pardon ! Aussi vrai que ton âme vit, mon seigneur, je suis cette femme qui me tenait ici près de toi pour prier l'Eternel. C'était pour cet enfant que je priais, et l'Eternel a exaucé la prière que le lui adressais. Aussi je veux le prêter à l'Eternel : il sera toute sa vie prêtée à l'Eternel. Et ils se prosternèrent là devant l'Eternel. » (1 Samuel 1 :26-28)

Cherchez à associer Dieu dans toutes vos affaires afin que toutes vos demandes soient exaucées.

## VIII. LA LOI DE VASE PURIFIE

Nous chrétiens, nous représentons pour Dieu, des Instruments, de barques, des ouvrages et des vases que le Créateur peut utiliser à volonté. Et pour que nous soyons bénis, nous en tant que Vases nous devons être propres donc purs ou purifiés.

« Dans une grande maison, il n'y a pas seulement des vases d'or et d'argent mais il y a aussi de bois et de terre ; les uns sont des vases d'honneur, et les autres sont d'un usage vil. Si donc quelqu'un se conserve pur, en s'abstenant de ces choses, il sera un vase d'honneur, sanctifié, utile à son maitre, propre à toute bonne œuvre » (2 Timothée 2 :20-21 )

Vous comprendrez que nous avons été créés pour être bénis, dans quel cas nous devons être purs pour que notre Dieu puisse penser à nous.

La bénédiction de Dieu est à notre porté et pour l'avoir, nous devons faciliter Dieu, en nous rendant propres, purs et sanctifiés. Car même une maman ayant dans son armoire de bols, pour y mettre de la nourriture elle doit absolument les rendre propres sinon la nourriture n'y entrera pas.

Seul le vase propre a de la valeur aux yeux de Dieu et il sera béni sans aucune forme de procès.

« Parce que tu as du prix à mes yeux, Parce que tu es honoré et que je t'aime, je donne des hommes à ta place, Et des peuples pour ta vie » (Esaïe 43 :4)

## IX. LA LOIS DE LA BONNE RENOMMEE

« La reine de Séba apprit quelle était la renommée de Salomon, à la gloire de l'Eternel, et elle vint pour le mettre à l'épreuve par des énigmes. Elle arriva à Jérusalem avec une suite nombreuse, avec des chameaux chargés d'aromates, d'or en très grande quantité et de pierres précieuses. Elle se rendit auprès de Salomon et lui exposa toutes ses réflexions.

Salomon répondit à toutes ses questions ; il n'y eut aucun mystère pour le roi : il lui expliqua tout. la reine de Séba vit toute la sagesse de Salomon, le palais qu'il avait construit, les mets servis à sa table, la demeure de ses serviteurs, les fonctions et les vêtements de qui le servaient, ses responsables de boissons ainsi que les holocaustes qu'il offrait dans la maison de l'Eternel. Elle en eut le souffle coupé » (1 Rois 10 :1-5)

## 1. DEFINITION

La renommée est une réputation donc une opinion que le public a d'une personne. La bonne renommée nous attire la bénédiction et la mauvaise renommée repousse nous bénédiction, et aussi notre renommée crie plus fort que notre parole.

Cette bonne renommée peut prêcher quelqu'un sans utiliser la parole de nos bouches. Elle peut nous amener des anges dans nos maisons.

A cause de cette bonne renommée de Salomon, la reine a quitté l'Ethiopie à Jérusalem soit plus de 2000 Km pas pour aller voir la richesse qu'avait Salomon au contraire juste pour sa renommée.

## 2. LES ELEMENTS DE LA RENOMMEE.

Dans ce passage, nous avons tiré quelques éléments qui font l'objet d'une bonne renommée, il s'agit de :

- La sagesse ;
- La maison bâtie ;
- Les Mets de la table ;
- Les vêtements de serviteurs.

**a) La sagesse :**

*1. Définition :*

- La sagesse est la qualité de quelqu'un qui fait preuve d'un jugement droit sur, averti dans ses décisions, ses actions.

- La sagesse est la connaissance de choses de Dieu qu'on doit acquérir que par la maitrise et la mise en pratique de la parole de Dieu.

Salomon avait manifesté sa sagesse lors du jugement qu'il avait rendu entre les deux femmes prostituées comme le montre le passage de 1 Rois 3 :16-28.

«C'est alors que deux femmes prostituées vinrent chez le roi et se présentèrent devant lui ?

L'une des femmes dit Pardon Mon Seigneur, cette femme et moi, nous habitons dans la même maison et j'ai accouché près d'elle dans la maison. Trois jours après, cette femme a aussi accouché. Nous habitons ensemble, il n'y aucun étranger avec nous dans la maison, il n'y a que nous deux. Le fils de cette femme est mort pendant la nuit, parce qu'elle s'était couchée sur lui. Elle s'est levée au milieu de la nuit, elle a pris mon fils qui était à côté de moi pendant que moi ta servante, je dormais et elle l'a couché contre elle. Quant à son fils, qui était mort, elle l'a couché contre moi.

Ce matin, je me suis levée pour allaiter mo, fils et voici qu'il était mort. Je l'ai regardé attentivement, le matin venu, et ce n'était pas mon fils, celui qui j'ai mis au monde. L'autre femme dit : C'est faux ; c'est mon fils qui est vivant et ton fils qui est mort. Mais la première répliqua : Absolument pas ; c'est ton fils qui est mort et mon fils qui est vivant. C'est ainsi qu'elles discutèrent devant le roi.

Le roi constata : L'une dit : c'est mon fils quoi vivant et ton fils qui est mort et l'autre dit : Absolument pas C'est mon fils qui est mort et mon fils est vivant Puis il ordonna : Apporter-moi une épée On apporta une épée devant le roi.

Le roi dit alors : Coupez en deux l'enfant qui est en vie et donnez-en la moitie à chacune Alors la femme dont le fils était vivant fut remplie de compassion pour son fils et elle dit au roi : Ah Mon Seigneur, donnez-lui l'enfant qui es en vie, ne le faites pas mourir Mais l'autre répliqua : Il ne sera ni à moi ni à toi. Coupez-le.

Prenant la parole, le roi dis alors : Donnez l'enfant qui est en vie à la première femme, ne le faites pas mourir. C'est elle qui est sa mère Tout Israël apprit le jugement que le roi avait prononcé et l'on éprouva de la crainte envers lui. En effet, on avait constaté qu'il bénéficiait de la sagesse de Dieu pour exercer la justice » (1 Rois 3 :16-28)

Cette sagesse que le roi avait fait montre dans le verset 25 a prouvé à suffisance combien il avait la connaissance de choses de Dieu et cela lui a fait une très grande renommée qui a attiré la reine vers lui.

## 2. Sorte de Sagesse

- **Sagesse du Monde :**

La Bible dit dans 1 Corinthiens 3 :19 que **la sagesse de ce monde est une folie devant Dieu**. Autrement dit, ce que le monde appelle sagesse est en réalité une folie pour Dieu, et ce que le monde appelle folie est une sagesse devant Dieu.

- **Sagesse de Dieu :**

La Bible dit dans 1 Corinthiens 3 :18 que personne ne se trompe lui-même : si quelqu'un parmi vous pense être sage selon les critères de l'ère actuelle, qu'il devienne fou afin de devenir sage ;

## b. La Maison bâtie

La Bible dit dans 1 Corinthiens 6 :19 Ne le savez-vous pas ? votre corps est le temple du Saint-Esprit qui est en vous et que vous avez reçu de Dieu. Vous ne vous appartenez pas à vous -même ;

La maison dont question est notre corps donc le temple du Saint -Esprit. Donc notre corps doit faire l'objet d'une bonne renommée afin d'attirer la bénédiction.

Beaucoup d'entre nous repousse leur bénédiction à cause d'une mauvaise réputation de leurs maisons (corps) et on trouve souvent sur leur corps de :
- Tatouages ;
- Maquillages exagérés ;
- Coiffures bizarres ;
- Accoutrement bizarres….

Alors que la bonne réputation doit être conforme à la parole de Dieu soulignée en Colossiens 3 :17 « Et quoi que vous fassiez, en parole ou en œuvre, faites tout au Nom du seigneur Jésus, en rendant par lui des actions de grâces à Dieu le Père. »

### c. Les mets de sa Table

Les Mets se trouvant sur la table de Salomon c'est la nourriture spirituelle qui sort de la bouche donc « **la parole** »

**Ainsi se nourrir quotidiennement de la Parole de Dieu, une question de survie!**
Matthieu 4.4 (LSG): Jésus répondit: Il est écrit: L'homme ne vivra pas de pain seulement, mais de toute parole qui sort de la bouche de Dieu.

La faim des aliments et la faim spirituelle doivent être en équilibre. Aucune des deux ne doit être négligée même si l'homme naturel semble être plus sensible à la faim alimentaire.

Chacune d'elle doit être satisfaite. L'une appelle à fortifier le corps, l'autre vise à fortifier l'homme intérieur par la Parole de Dieu. Il est important de souligner que ce que l'homme reçoit de la part de Dieu est la base de tout ; Il doit en faire une priorité. C'est certain que toute chose va passer mais ce que Dieu dit demeure éternellement. Ainsi donc, nous avons tous de bonnes raisons de faire de la Parole de Dieu une nourriture quotidienne.

## Ta croissance spirituelle en dépend.

« Désirez, comme des enfants nouveau-nés, le lait spirituel et pur, afin que par Lui vous croissiez pour le salut, » (1 Pierre 2.2 (LSG)

Le lait est l'aliment indispensable à tout nouveau-né. Sa croissance en dépend. Scientifiquement, il fait partie de la catégorie des aliments complets.

Aussi, ce verset recommande à tout chrétien de désirer comme un nouveau-né le lait spirituel qui n'est autre que la Parole de Dieu afin que par elle, chacun croisse pour le salut. Autrement dit, celui qui n'en prend pas quotidiennement, ne va pas croître spirituellement. Sa fin est tragique : la mort spirituelle. Celui qui en prend quotidiennement se fortifie spirituellement, est plus prompte à cheminer avec Dieu, ce qui est de loin plus sage et salutaire. Car l'homme a tout à gagner à marcher avec Dieu; l'histoire du peuple d'Israël le montre clairement.

« Comment le jeune homme rendra-t-il pur son sentier? En se dirigeant d'après Ta Parole. Acquiers de la sagesse et prend conscience du potentiel énorme que Dieu t'a donné » (Psaumes 119.9 (LSG)

« Pour marcher d'une manière digne du Seigneur et lui être entièrement agréables, portant des fruits en toutes sortes de bonnes œuvres et croissant par la connaissance de Dieu » (Colossiens 1.10 (LSG)

Marcher d'une manière digne du Seigneur demande beaucoup de sagesse que seule la lecture quotidienne et l'étude de la Parole de Dieu peut te donner. La Bible contient la vérité qui peut te donner la vraie sagesse. Il faut que ta vie glorifie Dieu et la rançon à payer c'est la méditation quotidienne de la Parole de Dieu afin de pouvoir agir conformément à Ses conseils.

Il faut que tu révèles le magnifique potentiel que Dieu a mis en toi. Nous avons toute une vie pour apprendre à travers la Parole de Dieu et montrer au monde entier le potentiel énorme que Dieu nous a donné. Celui qui médite quotidiennement pour appliquer les conseils divins se distinguera de tous. Dieu agit à travers lui et c'est alors qu'il aura du succès dans ses projets.

« Que ce livre de la loi ne s'éloigne point de ta bouche; médite-le jour et nuit, pour agir fidèlement selon tout ce qui y est écrit; car c'est alors que tu auras du succès dans tes entreprises, c'est alors que tu réussiras » (Josué 1.8 (LSG)

### Une nouvelle vie centrée sur la Parole de Dieu.

« Nous renversons les raisonnements et toute hauteur qui s'élève contre la connaissance de Dieu, et nous amenons toute pensée captive à l'obéissance de Christ » (2 Corinthiens 10.5 (LSG)

Il y a un très grand écart entre ce que Dieu dit et ce que les hommes enseignent par leur propre raisonnement. Toutes ces choses sont à détruire. Elles doivent être remplacées par ce que Dieu dit.

Lorsqu'on accepte Jésus-Christ, notre objectif premier est de renverser les mensonges et forteresses que Satan a érigés en nous, en utilisant des hommes durant les temps de notre ignorance, parce qu'on doit avoir « une compréhension saine » des choses à la lumière de la Parole de Dieu. Tu ne peux l'acquérir que par la lecture quotidienne de la Parole de Dieu.

L'abondance de la Parole de Dieu te permet de tenir lorsque les mauvaises pensées t'assaillent, lorsque les gens mal intentionnés chercheront à te détourner de la bonne voie. Tu pourras ainsi tenir lorsqu'un sentiment de désespoir commencera à naître dans ton cœur en t'appuyant sur les promesses de Dieu, sachant qu'Il fait naître l'espoir au milieu du désespoir.

La Parole de Dieu est le fondement sur lequel on doit bâtir notre vie. Elle est plus qu'indispensable. L'homme désire la réussite sans jamais désirer ce qui conduit vers la vraie réussite : la méditation et la mise en pratique de la Parole de Dieu. La connaissance de la Parole de Dieu est une arme solide contre les pièges de l'ennemi. Un sage a laissé entendre ces paroles : Ou la Bible t'emmènera loin du péché ou le péché t'emmènera loin de la Bible. As-tu une Bible, qu'en fais-tu?

« Mon peuple est détruit, parce qu'il lui manque la connaissance. Puisque tu as rejeté la connaissance, Je te rejetterai, et tu seras dépouillé de Mon sacerdoce ; puisque tu as oublié la loi de ton Dieu, J'oublierai aussi tes enfants » (Osée 4.6 (LSG)

Aujourd'hui, plusieurs d'entre nous repousse leur bénédiction à cause de la mauvaise nourriture se trouvant sur leurs table, symbole de mauvaise parole sortant de leur bouche.

### d.  Les vêtements de Serviteurs

Le vêtement est l'expression de la personnalité ou du gout de la personne. Il est vecteur d'un message et témoigne d'un état d'esprit. Donc dans la majorité de cas c'est le moine qui fait l'habit, car l'on sait bien que l'habit ne peut faire de quiconque un moine , un vrai tout au moins.

« Or Josué était couvert de vêtement sales, et il se tenait debout devant l'ange. 4 L'ange, prenant la parole, dit à ceux qui étaient devant lui : Ôtez-lui les vêtements sales Puis il dit à Josué : Vois, je t'enlève ton iniquité et je te revêts d'habits de fête. » (Zacharie 3 :3-4)

Les vêtements symbolisent le comportement, notre vie, car si les serviteurs avaient porté les habits sales ils n'allaient pas servir à table du roi, donc nous sommes obligés à porter les habits propres symbole d'un bon comportement qui peut attirer une bénédiction vers nous.

## CHAPITRE V

## LES VOIES QUI ATIRENT LA BENEDICTION DE DIEU

Il y a des voies comme moyens qui attirent la bénédiction de Dieu sans que nous fassions beaucoup d'efforts de prier.

Ci-dessous ces voies :

## 1. LE SOUTIEN AUX PAUVRES

« La religion pure et sans tâche, devant Dieu notre Père, consiste à visiter les orphelins et les veuves dans leurs affliction, et à se préserver des souillures du monde » (Jacques 1 :27)

Les orphelins et les veuves dont questions sont ceux qui craignent Dieu dans le vrai sens du mot c'est-à-dire connaitre la parole de Dieu et la mettre en pratique donc fuir le péché.

### A. Importance de soutenir les pauvres

L'œuvre de soutenir les pauvres a une grande importance dans la bible comme l'indique les passages ci-dessous :

*1. Soutenir les pauvres est un ordre de Dieu :*

« S'il y a chez toi quelque indignent d'entre tes frères, dans l'une de tes portes, au pays que l'Eternel, ton Dieu, te donne, tu n'endurciras point ton cœur et tu ne fermeras point ta main devant ton frère indigent » (Deutéronome 15 :7)

*2. Pour avoir encadré les pauvres, des bénédictions sont descendues sur beaucoup de gens :*

« Heureux celui qui s'intéresse au pauvre ! Au jour du malheur l'Eternel le délivre ; L'Eternel le garde et lui conserve la vie. Il est heureux sur la terre, Et tu ne le livres pas au bon plaisir de ses ennemis. L'Eternel le soutient sur son lit de douleur, tu le soulages dans toutes ses maladies » (Psaumes 41 : 1-3 )

**B. Pourquoi devons-nous soutenir les pauvres et nécessiteux ?**

*1. Pour répondre à l'ordre de Dieu*

« Tu n'affligeras point la veuve, ni orphelin. » (Exode 22 :22)

*2. Dieu étant le Père des Orphelins et défenseur de Veuves.*

En aidant les pauvres et le nécessiteux, leur Père qui détient tout pouvoir va vous rémunérer aussi.

« Le Père des orphelins, le défenseur de veuves, c'est Dieu dans sa demeure sainte. » (Psaume 68 : 6)

*3. En aidant les pauvres on prête à Dieu.*

« Celui qui a pitié du pauvre prête à l'Eternel, qui lui rendra selon son œuvre. » (Proverbe 19 :17)

« De qui suis-je le débiteur ? Je le paierai. Sous le ciel tout m'appartient. » (Job 41 :11)

*4. Pour éviter certaines malédictions qui peuvent détruire nos familles et nos activités.*

« Tu n'affligeras point la veuve, ni orphelin. Si tu les affliges, et qu'ils viennent à moi, j'entendrai leur cri ; ma colère s'enflammera, et je vous détruirai par l'épée ; vos femmes deviendront veuves, et vos enfants orphelins » (Exode 22 :22-24 )

*5. Pour être délivré les jours du malheur*

« Heureux celui qui s'intéresse au pauvre ! Au jour du malheur l'Eternel le délivre » (Psaume 41 :2)

*6. Pour être parfait et se faire ouvrir un trésor dans le ciel*

« Si tu veux être parfait, va, vend ce que tu possèdes, donne-le aux pauvres, et tu auras un trésor dans le ciel. Puis viens, et suis-moi. » (Matthieu 19 :21)

*7. Pour être compté parmi ceux qui seront à la droite du Seigneur au jour du jugement.*

« Lorsque le Fils de l'homme viendra dans sa gloire, avec tous les anges, il s'assiéra sur le trône de sa gloire. Toutes les nations seront assemblées devant lui. Il séparera les uns d'avec les autres, comme le berger sépare les brebis d'avec les boucs ; et il mettra les brebis à sa droite et les boucs à sa gauche.

Alors le roi dira à ceux qui seront à droite : Venez, vous êtes bénis de mon Père, prenez possession du royaume qui vous a été préparé dès la fondation du monde. Car j'ai eu faim, et vous m'avez donné à manger ; j'ai eu soif, et vous m'avez donné à boire ; j'étais étranger, et vous m'avez recueilli ; j'étais nu, et vous m'avez vêtu, j'étais malade et vous m'avez visité ; j'étais en prison et vous êtes venus vers moi.

Les justes lui répondront : Seigneur, quand t'avons-nous vu avoir faim, et t'avons-nous donné à manger ; ou avoir soir soif, et t'avons donné à boire ? Quand t'avons-nous vu étranger, et t'avons-nous recueilli ; ou nu, et t'avons-nous vêtu ? Quand t'avons vu malade, ou en prison, et sommes-nous allés vers toi ? Et le roi leur répondra : que je vous le dis en vérité, toutes les fois que vous avez ces choses à l'un de ces plus petits de me frères, c'est à moi que vous les avez faites.

Ensuite il dira à ceux qui seront à sa gauche : Retirez-vous de moi, maudits ; allez dans le feu éternel qui a été préparé pour le diable et pour ses anges. Car j'ai eu faim, et vous n'avez pas donné à manger ; j'ai eu soif, et vous ne m'avez pas donné à boire ; j'étais étranger, et vous n'avez recueilli ; j'étais nu et vous m'avez pas vêtu ; j'étais malade et en prison, et vous ne m'avez pas visité.

Ils répondront aussi : Seigneur, quand t'avons-nous vu ayant faim, ou ayant soif, ou étranger, ou nu, ou malade, ou en prison et ne t'avons-nous pas assisté ? Et il répondra : je vous le dis en vérité, toutes les fois que vous n'avez pas ces choses à l'un de ces plus petits, c'est à moi que vous ne l'avez pas faites. Et ceux-ci au châtiment éternel, mais les justes à la vie éternelle » (Matthieu 25 : 31-46)

## C. Quelques personnages bibliques qui ont eu l'avantage d'aider les pauvres.

### 1. La veuve NAOMI : Avait eu pitié de Ruth

« Naomi dit à Ruth : Voici, ta belle-sœur est retournée vers son peuple et vers ses dieux ; retourne, comme ta belle-sœur. Ruth répondit : Ne me presse pas de te laisser, de retourner loin de toi ! Où tu iras j'irai, où tu demeureras je demeurerai ; ton peuple sera mon peuple, et ton Dieu sera mon Dieu, où tu mourras je mourrai, et j'y serai enterrée. Que l'Eternel me traite dans toute sa rigueur, si autre chose que la mort vient à me séparer de toi ! Naomi, la voyant décidée à aller avec elle, cessa ses instances. Elles firent ensemble le voyage jusqu'à leur arrivée à Bethlehem. Et lorsqu'elles entrèrent dans Bethlehem, toute la ville fut émue à cause d'elles, et les femmes disaient : Est-ce là Naomi ? » (Ruth 1 : 15-19)

Ainsi la récompense de Naomi se trouve dans le passage ci-après :

« Boaz prit Ruth, qui devint sa femme, et il alla vers elle. L'Eternel permit à Ruth de concevoir et elle enfanta un fils. Les femmes dirent à Naomi : Béni soit l'Eternel, qui ne t'a point laissé manquer aujourd'hui d'un homme ayant droit de rachat, et dont le nom sera célébré en Israël ! Cet enfant restaurera ton âme et sera le soutien de ta vieillesse ; car ta belle-fille, qui t'aime, l'a enfanté, elle qui vaut mieux pour toi que sept fils » (Ruth 4 :13-15 )

## 2. MARDOCHÉE qui a pitié d'ESTHER

« Il y a avait dans Suse, la capitale, un Juif nommé Mardochée, fils de Jaïr, fils de Schimeï, fils de Kis, homme de Benjamin, qui avait été emmené de Jérusalem parmi les captifs déportés avec Jeconia roi de Juda, par Nebucadnetsar, roi de Babylone. Il élevait Hadassa, qui est Esther, fille de son oncle ; car elle n'avait ni père ni mère. La jeune fille était belle de taille et belle de figure. A la mort de son père et de sa mère, Mardochée l'avait adoptée pour fille » (Esther 2 :5-7)

« 1 le jour même, le roi Assuérus donna la propriété d'Haman, l'adversaire des Juifs, à la reine Esther et Mardochée eut à se présenter devant lui, car elle avait révélé ce qu'il était pour elle. Le roi retira son anneau, celui qu'il avait repris à Haman, et le donna à Mardochée. Esther, de son côté, le désigna responsable de la propriété d'Haman. Mardochée sortit de chez le roi porteur d'un vêtement royal bleu et blanc, d'une grande couronne on or et d'un manteau en fin lin et en pourpre, au milieu de cris de joie et d'allégresse de la ville de Suse. » (Esther 8 :1-2,15)

## LE SOUTIEN A L'OEUVRE DE DIEU

Servir Dieu avec nos biens ne revient évidemment pas à une obligation, ou à un devoir spirituel de donner chaque fin du mois une dîme au pasteur. En effet, le devoir spirituel ne se mesure pas à ce qui est donné, mais à la flamme intérieure qui génère le don. Si je donne, parce qu'on oblige, parce que c'est la tradition ou la religion, eh bien quelle que soit la somme que je donne, je suis plus dans la vanité religieuse que dans la vérité. Car tout bien donné aux pauvres ou à l'église doit être le fruit d'un cœur sincère et sans amertume et **c'est qui donne la bénédiction de l'Eternel**. Le don est une démarche intérieure, mûre, animée par notre relation avec Dieu.

Aucune loi, excepté celle du cœur, ne peut gouverner l'offrande ou la libéralité d'un chrétien. Car Dieu ne viendra jamais peser le poids d'or que nous avons donné depuis que nous avons cru, mais la profondeur du cœur.

Nos biens doivent être considérés comme symbole de notre attachement à Dieu, quand nous les mettons au service du culte à l'Eternel mais aussi au service des âmes.

« De plus, dans mon attachement pour la maison de mon Dieu, je donne à la maison de mon Dieu l'or et l'argent que je possède en propre, outre tout ce que j'ai préparé pour la maison du sanctuaire ; trois mille talents d'or, d'or d'Orphir, et sept mille talents d'argent épuré, pour en revêtir les parois de bâtiment » (1 Chroniques 29 :3-4

Cet attachement à Dieu nécessite que l'on se détache des autres dieux ; car on ne peut donner ses biens à Dieu et à un autre dieu.

« Honore l'Eternel avec tes biens, et avec tes prémices de tout ton revenu : Alors tes greniers seront remplis d'abondance, et tes cuves regorgeront de moût » (Proverbes 3 :9-10)

Les chrétiens sont exhortés à utiliser leur richesse pour honorer Dieu. Ceux qui pratiquent cette œuvre avec les biens dont ils disposent, auront encore plus, pour faire encore davantage.

Dieu est le propriétaire de l'argent et de l'or. Tout ce qui est dans les cieux et sur la terre lui appartiennent. Nous devons donc être conscient que la richesse et l'abondance sont des dons de Dieu, car il ouvre le ciel et répand sa bénédiction en abondance sur ceux qui le craignent et se souviennent de son alliance.

Si nous voulons être béni par Dieu, nous devons lui apporter ce que lui-même nous a donné, et nous devons le faire avec une attitude de révérence et de respect profond.

Oui, les enfants d'Israël devaient sortir l'Egypte pour aller servir Dieu dans le pays **Exode 8 :25** « Pharaon appela Moïse et Aaron et dit : Allez, offrez des sacrifices à Dieu dans le pays ».

Cette condition imposée par Pharaon est l'image de la stratégie du Diable qui veut que les Chrétiens ne puissent totalement quitter son camp car il a ajouté dans **Exode 8 :28** « Pharaon dit : je vous laisserai aller, pour offrir à l'Eternel, votre Dieu, des sacrifices dans le désert : seulement, vous ne vous éloignerez pas, en y allant ; Prier pour moi »

Donc le Diable veut que le chrétien puisse servir Dieu et retourne à lui. Et le Diable le sait bien que servir Dieu avec nos biens est une source de bénédiction, voilà pourquoi, il nous combat.

### 3. HONORER SES PROPRES PARENTS

"Honorer les parents"

Que veut dire : "Honorer". Le mot qui évoque le mieux sa signification, c'est "Respecter." Estimer hautement, avoir une haute opinion, montrer de la courtoisie.

Ce commandement s'il est mis en pratique par nous, une bénédiction pourra être notre partage. Car ce commandement comporte deux promesses qui pourront se réaliser ans la mise en pratique de ce dernier.

« Honore ton père et ta mère, afin que tes jours se prolongent dans le pays que l'Eternel, ton Dieu te donne.» (Exode 20 :12)

Honorer les parents se rapporte à la haute estime, à la révérence et à l'assistance. Cela signifie que vous êtes là pour eux, vous prenez soin d'eux. Contrairement aux autres commandements, où il n'y a aucune promesse spécifique y attachée directement, Dieu, en donnant ce commandement, a également ajouté une promesse spécifique. Selon qu'il est écrit, *"honore ton père et ta mère **afin que tes jours se prolongent dans le pays que Dieu te donne"**.*

Mais Il ne s'est pas arrêter là, **Deutéronome 5:16** déclare le même commandement mais avec une autre promesse y attachée:

« Honore ton père et ta mère, comme l'Éternel, ton Dieu, te l'a ordonné, *afin que tes jours se prolongent* (promesse 1), *et que tu sois heureux dans le pays que l'Éternel, ton Dieu, te donne*. (Promesse 2).»

Paul répète ce commandement dans <u>Éphésiens 6:2-3</u>:

"Honore ton père et ta mère," (c'est le premier commandement avec une promesse), afin que tu sois heureux et que tu vives longtemps sur la terre."

Paul dit que c'est le "premier commandement avec une promesse". Le premier commandement que Dieu donna et qui contenait une promesse était le commandement d'honorer nos parents ! Et quelle promesse, en fait ! Vous vivrez longtemps sur la terre et vous y serez heureux ! Voulez-vous vivre longtemps sur la terre ? Voulez-vous être heureux ? Être heureux pour vous signifie : honorez vos parents et c'est ce qui se passera.

Notre bénédiction dépend du respect que nous avons envers nos pères.

## A.    Définition

Le Larousse donne plusieurs définitions du mot « père » : « Homme ayant engendré ou qui a adopté un ou plusieurs enfants : Père qui donne le biberon à son bébé ; Homme qui agit en père : Il a été un père pour son filleul ; Droit : homme ayant autorité pour élever un, des enfants au sein de la cellule familiale, qu'il les ait ou non engendrés. »
Ainsi le géniteur, lui, est défini comme « le père physiologique (par opposition au père légal). » Il donne ses spermatozoïdes ou fabrique l'enfant avec sa compagne. Il est ainsi l'ascendant biologique de l'enfant. Il donne la vie, ce qui n'est pas rien. Mais au-delà de la transmission des gènes, être père, c'est donc s'impliquer, protéger, éduquer, jouer un rôle important dans la vie de son enfant. Le père, c'est celui qui se soucie du bien-être mental et physique de son enfant, de ce qu'il va devenir.
C'est celui qui prend ses responsabilités. C'est celui qui raconte des histoires, qui aide pour les devoirs, qui console les gros chagrins et partage les joies du quotidien… C'est celui qui aime, tout simplement.

## B. Caractéristiques de Père

### 1. Le Père est un modèle (Etre)

1 Corinthiens 11 :1 « Soyez mes imitateurs, comme je le suis-même de christ »
1Timothée 4 :12-13 « 12 Que personne ne méprise ta jeunesse, mais sois un modèle pour les croyants par tes paroles, ta conduite, ton amour, (ton Esprit,) ta fois ta pureté. 13 En attendant que je vienne, applique-toi à lire les Ecritures dans l'assemblée, à encourager, à enseigner »
Un père doit être un modèle de pureté, d'amour et de sacrifice.

### 2. Le père est celui qui montre le standard des choses qui doivent être faites

Philippiens 1 :30 «  en soutenant le même combat que vous n'avez vu soutenir, et que

- Père Biologique :
- Père Adoptif :
- Père Professionnel
- Père Spirituel

### 1. Père Biologique ou géniteur :

### 2. Parents Adoptifs

Les parents adoptifs à travers un lien de filiation juridique ou non qui est établi  pour devenir parent de l'enfant d'une famille autre que la tienne afin d'assumer les même responsabilité que le parent ou père géniteur.
C'est en tant que parent adoptif qui doit être  amené à réfléchir à la construction du lien de filiation. Ce qui semblait aller de soi – adopter, aimer ses enfants, être pleinement parents (pour soi et pour les enfants) – s'est révélé un peu plus complexe que nous (parents adoptifs) ne l'imaginions. Je me propose d'explorer ici certains aspects de cette complexité.

Comme beaucoup de parents adoptifs, ont le sentiment que le lien biologique est peu de chose au regard du lien psychique et affectif ; avec la certitude que l'un ne dépend pas de l'autre.

## 3. Père Professionnel :

C'est père qui amène à une vie professionnelle en vous trouvant un emploi, c'est dernier est considéré au même titre d'un père géniteur ou adoptif.

## 4. Père Spirituel

Le père spirituel nous aide à discerner la volonté de Dieu, et qui nous accompagne spirituellement.

Personne ne peut avancer seul dans la vie spirituelle. C'est important de faire le point avec quelqu'un avec qui on peut être en transparence. Très honnêtement, il est impossible de s'élever spirituellement en se contentant d'aller seulement au culte seulement le dimanche ! Il faut avoir une vie de prière personnelle. C'est en se donnant soi-même que l'on grandit dans la foi.

Un père spirituel offre un certain recul pour discerner ce que le Seigneur nous dit. Parfois, notre vie a le risque de se réduire à un monologue : l'accompagnement sert à laisser un peu plus de place à la voix de Dieu. En tant que père, nous sentons que les chrétiens sont en demande de soutien spirituel. »

Au vu de ces différentes catégories de Pères ou parents, notre bénédiction en dépends quand nous donner le respect et les honorer

Le sujet d'honorer nos parents est de grande importance. Une raison pour son importance est que les Écritures d'à la fois l'Ancien et le Nouveau Testament nous commandent d'honorer nos parents. Le Cinquième Commandement déclare,

« Honore ton père et ta mère afin de jouir d'une longue vie dans le pays que l'Éternel ton Dieu te donne. » (Exode 20:12)

Ce commandement doit être pris au sérieux, non seulement parce c'est une question de révélation de l'Ancien Testament, mais parce que l'obligation d'honorer nos parents est un sujet qui est réitéré et confirmé dans le Nouveau Testament :

« Vous, enfants, obéissez à vos parents à cause du Seigneur, car c'est là ce qui est juste. Honore ton père et ta mère: c'est le premier commandement auquel une promesse est rattachée: pour que tu sois heureux et que tu jouisses d'une longue vie sur la terre. » (Ephésiens 6:1-3)

Ainsi, honorer nos parents est un commandement que nous ne devrions pas ignorer pour être béni..

Mais il y a une deuxième raison pour laquelle nous devons étudier attentivement le Cinquième Commandement. Honorer nos parents est un des appels les plus importants et la plus grande tâche à laquelle nous devons faire face dans notre vie. Il y a deux grandes tâches dans nos vies auxquelles la plupart d'entre nous sommes appelés.

La première est d'avoir et d'élever des enfants, pour les amener de la dépendance absolue de nos entrailles, à l'indépendance de l'adolescence, à la maturité quand ils deviennent adultes. La deuxième est de prendre soin de nos propres parents dans leurs dernières années. Souvent cela implique la détérioration physique de leurs corps, et fréquemment de leur esprit. Elever les enfants a ses douleurs, mais c'est généralement accompagné par la joie de voir nos enfants grandir, devenir matures, responsables, et indépendants. Prendre soin de nos parents est rarement aussi gratifiant. L'apogée de ce processus est la tombe.

Honorer les parents confronte le Chrétien avec de nombreux problèmes dont la plupart sont la source d'une grande agonie, et souvent de beaucoup de culpabilité. Nous pourrions avoir à décider de prendre ou non un parent âgé à venir vivre dans notre maison ou de les placer dans des maisons de retraites. Nous pourrions même être appeler à décider « à débrancher » ou non la machine qui les maintient en vie (ou prolonge la mort). Nous pourrions avoir à prendre des décisions avec lesquelles nos parents ne seraient pas d'accord and pour lesquelles ils (ou des autres) nous accuseraient de ne pas les aimer.

Avec tous ces problèmes liés à honorer nos parents, quelqu'un pourrait s'attendre à recevoir beaucoup d'aide de littérature chrétienne, mais ce n'est pas le cas. Beaucoup a été écrit et dit pour aider les Chrétiens à élever leurs enfants.

Pendant que j'ai entendu beaucoup (des fois trop) de choses à propos de la responsabilité des parents envers leurs enfants, je n'ai rien vu de définitif sur la responsabilité des enfants envers leurs parents. Au mieux, un tel enseignement a presque toujours rapport à l'obligation de jeunes enfants à obeir leurs parents.

Au pire, l'enseignement d'honorer les parents est déformé. Certains ont enseigné que l'autorité parentale devrait toujours être exercée, sinon sous la forme de phrases directes, en une pauvre forme définie de « chaine de commandement ». D'autres voudraient que nous pensions que placer un parent dans une maison de retraite est un péché impardonnable.

La troisième raison pour une étude approfondie du Cinquième Commandement est que notre culture le plus souvent ralentie et oppose nos efforts d'honorer nos parents. Dans la culture de l'ancien Proche-Orient, il y avait une bien plus haute estime pour ceux qui avaient des positions d'autorité (en général) et pour les parents en particulier. Même aujourd'hui, les Chinois, par exemple, encouragent honorer leurs parents par une pratique non biblique de vénération ancestrale. Il est inutile de dire que c'est une pratique (le fait d'utiliser une façon non biblique) que je ne recommanderais pas. Cependant, ça encourage un respect profond des parents et des personnes âgées qui n'est pas présent dans notre pays.

**Il y a aussi une relation entre honorer les parents et honorer Dieu.**

Non seulement le Cinquième Commandement lie et facilite l'observance des derniers commandements, il est aussi très lié à l'observance de ces commandements concernant la vénération de Dieu. C'est spécialement apparent dans Malachie 1:6:

« Un fils honore un père, un serviteur son maître. Si je suis votre père, où donc sont les honneurs qui me sont dus ? Si je suis votre maître, pourquoi ne me révérez-vous pas? Et puis vous demandez : «En quoi t'avons-nous méprisé?  »

Ceux qui honorent Dieu doivent aussi honorer leurs parents. Ceux qui honorent leurs parents ont déjà commencé à honorer Dieu. Nos pères terrestres sont, d'un côté, les représentants de Dieu, instruisant et disciplinant leurs enfants à Sa place. D'un autre côté, les parents servent à illustrer le chemin dans lequel Dieu est au travail dans les vies de Ses enfants, comme un père. Cela est vu, par exemple, dans les chapitres 2 et 3 de Proverbes, où le soin du père pour son enfant est comparé au soin paternel de Dieu pour Ses enfants.

Honorer les parents était une obligation de la plus grande importance, signalée par son inclusion dans les Dix Commandements, par la peine de mort attachée à sa profanation flagrante, et par le détail qui nous est donné en ce qui concerne les évidences d'honorer les parents ou leur négligence.

Honorer les parents était fondamental pour le passage de la foi d'Israël d'une génération à l'autre. C'est aussi important parce que cela renforce et facilite le fait d'honorer Dieu (commandements 1-4) et les autres (commandements 6-10).

**Le Principe d'Honorer les Parents Dans l'Enseignement de Notre Seigneur**

L'enseignement de notre Seigneur d'honorer les parents est plutôt abondant. Ce passage nous fournit avec un grand aperçu du commandement comme Dieu l'avait destiné, et comment les scribes et les pharisiens ont cherché à l'abuser :
« A cette époque, des pharisiens et des spécialistes de la Loi vinrent de Jérusalem; ils abordèrent Jésus pour lui demander :

- Pourquoi tes disciples ne respectent-ils pas la tradition des ancêtres ? Car ils ne se lavent pas les mains selon le rite usuel avant chaque repas.
- Et vous, répliqua-t-il, pourquoi désobéissez-vous à l'ordre de Dieu lui-même pour suivre votre tradition ?

En effet, Dieu a dit: Honore ton père et ta mère et Que celui qui maudit son père ou sa mère soit puni de mort.

Mais vous, qu'enseignez-vous ? Qu'il suffit de dire à son père ou à sa mère : «Je fais offrande à Dieu d'une part de mes biens avec laquelle j'aurais pu t'assister», pour ne plus rien devoir à son père ou à sa mère. Ainsi vous annulez la Parole de Dieu et vous la remplacez par votre tradition.

## A PROPOS DE L'AUTEUR

*Honore Gislain KABUNDA MBUTA est marie a madame Chantal WETSHI SHAKO KABUNDA et ils ont six enfants et deux petits-fils.*

*Il est consacré au ministère pastoral et exerce le ministère de la parole. Il sert Dieu en prêchant et enseignant la parole de Dieu depuis 2012 dans plusieurs églises en République démocratique du Congo et a l'étranger.*

*Actuellement, il est ministre de Dieu au Centre de délivrance et réconciliation des Famille – CDRF à Goma en République Démocratique du Congo. Il est aussi fonctionnaire de l'état congolais comme directeur provincial du Fond de Promotion de l'Industrie dans la province du Nord-Kivu.*

## A PROPOS DU LIVRE

*Le mot **"bénédiction"** tire son origine du mot hébreux ''Barak'' avec comme mot ''berakah'' mais le mot Barak veut tout simplement dire ''bénir''*

*Avec ce mot de barak la bénédiction veut dire :*

- *Un don divin permettant à notre œuvre de réussir*
- *La présence de Dieu avec nous ;*
- *Dieu œuvre en nous et à traves nous afin que nous produisions de bon fruit*

*En d'autres termes, la bénédiction a deux volets :*

- *C'est la capacité divine accordée à quelqu'un pour lui donner le moyen d'affronter les problèmes de la vie*

- *C'est la faveur divine qui consiste à manifester la présence de Dieu, le secours de Dieu ainsi que la direction de Dieu dans nos vies.*

*Dans un français courant, la bénédiction se définit comme une bonne parole annoncée par Dieu ou par son serviteur ou son ambassadeur sur la vie de quelqu'un.*

Pour vos questions, commandes des livres, besoin de conseils et de prière ainsi que la formation biblique ; Contactez-nous aux adresses ci-dessous :

## ASSOCIATION INTERNATIONALE DES FORMATEURS BIBLIQUES (AIFOB)

### Direction générale

**- KINSHASA :** 1013, Avenue Mutombo Katchi, Bâtiment SOGIC, local 3-3-6
Troisième niveau. Tél. : +243824009826
E-mail : drjpbahatisalumu@gmail.com
Site web : www.aifob.org
Kinshasa RDC

---

DIRECTION REGION – EST
GOMA PROVINCE DU NORD KIVU
**43, Av. LUMUMBA,**
**Com. KARISIMBI, Q/ MURARA, OFFICE II. Tel : +243811222245,**
**(0)998666846. Email : aifobgoodsamgoma@yahoo.fr**

---

- LUBUMBASHI **: 3 bis, Quartier Makomeno, Avenue des tribunes**
**Commune de Lubumbashi.**
**Tel.: +243 995717925, (0)819002890**

---

DIRECTION POUR L'AFRIQUE DE L'EST
KAMPALA OUGANDA
**Stella, Najjanankumbi, near shooters club, Entebbe Road**
**Tel: +256759487372/ 256704182927**

---

DIRECTION POUR L'AFRIQUE DE L'OUEST
MALABO GUINEE EQUATORIELE

**Bâtiment Assonga Télévision, cinquième niveau, local 5-1, Tel: +240222268689/(0)222274302**

**Email: aifobmalabo_bci@gmail.com**

DIRECTION POUR L'ASIE

A GUANGHZOU/CHINE

**Unit C3, 3rd floor, Heng ping Building, 205#**

**Huanshi Middle road, Guangzhou, China**

**Tel:(+86)13539746968/13711025407**

Printed by Books on Demand GmbH, Norderstedt / Germany